취업하면
행복할 줄 알았는데

# 취업하면
# 행복할 줄 알았는데

김보익 지음

두드림미디어

# 프롤로그

지금 이 프롤로그를 쓰고 있는 시점은 내가 새로운 회사로 이직한 지 3개월을 넘어선 때다. 직장생활을 시작한 이래 네 번째 회사고 20년이 갓 넘은 경력임에도 새로 들어온 회사가 마냥 낯설다. 심지어 어떤 때는 이방인 같다는 느낌도 든다. 겉모습은 늙어가는 경력사원이지만 마음속은 아직도 신입사원, 주니어사원과 다를 바 없다.

이런 심정은 이 책을 쓰는 내내 마음속에 자리 잡고 있었고, 한껏 나의 신입사원 시절을 생생히 기억해내도록 도와주었다. 그뿐일까? 꽤 오랜만에 짧지 않은 기간 동안 구직활동을 위해 수십, 수백 군데 입사지원을 하고, 구인구직 포털사이트를 매일 드나들며 불안한 미래를 걱정하며 지냈다. 그러다가 가뭄에 콩 나듯 들어오는 면접 제안에 마음이 설레기도 했으니, 이 책을 써 내려가는 데 있어 어찌 보면 '최적의 조건'이었다. 사회 초년생의 삶을 다시 한번 겪었으니 말이다.

문득 되살아난 기억들이 있다. 불과 몇 달 전이다. 한여름 정장을 갖춰

입고 뙤약볕 아래 땀을 비 오듯 쏟으며 면접을 보러 간 어느 회사. 그리고 폭우가 쏟아져 제법 큼지막한 우산을 쓰고 걸었음에도 양복이며 구두가 비에 흠뻑 젖어, 최악의 상태로 어느 회사의 1차 면접에 임했던 그 날도 머릿속에서 지워지지 않는다. 다행히도 지금은 그 회사에 다니게 되었다.

누구에게나 직장생활은 육체적, 정신적으로 고되고, 때로는 괴롭기까지 하다. 항상 벗어날 궁리를 하고는 있지만, 대부분의 사람은 그저 생각에만 머물 뿐, 오늘도 무거운 몸을 이끌고 출근길에 나선다. 하루 업무가 시작되면 퇴근 인사를 나누고 회사를 나서기 전까지, 본연의 나를 숨기고 내 안의 부캐(서브 캐릭터)를 소환해낸 후, 해야 할 일을 하고, 마주해야 할 사람들을 대하면서 하루를 보낸다.

나는 이 책을 쓰면서 짧고도 긴 나의 사회생활을 돌아보고 내가 몸소 겪어온 사람들과 사건들을 기억해내는 좋은 기회를 얻었다. 또한 나에게 생존을 위한 훌륭한 조언들을 해주고 나를 이끌어준 선배들, 동료들, 그리고 상사들에 대해 다시 한번 고마운 마음을 가질 수 있는 시간도 가지게 되었다. 물론 글을 쓰면서 (솔직히 말하자면) 가늠할 수 없는 분노와 원망의 마음을 누그러뜨려야 했던 순간들도 있었다. 어쨌든 글을 쓰기 위해서, 그 대상이 되는 사람들을 굳이 기억해내려 애쓴 적도 있었다.

하지만 '추억보정'이라는 말이 있듯 20년이 넘는 직장생활을 첫 회사, 처음 출근한 날부터 뒤돌아보면서 지금 나에게 남아 있는 대부분은 '아름답고 좋은 기억들' 뿐이다. 하긴 아직도 좋지 못한 기억이 가득하다면 그것도 또한 나의 부족함이라고 생각하고 있다.

내가 이 책을 쓴 가장 큰 동기는 나 자신에게서 나왔다. 나도 여느 사람들처럼, 아직도 직장생활이 너무나도 어렵고 힘들다. 그래서 항상 벗어나고픈 대상이라고 여긴다. 그렇지만 때로는 어쩔 수 없이, 때로는 무언가 이루었다는 크고 작은 성취감에 마음을 다잡기도 한다. 그러고는 또 하루가 간다. 그렇다면 최소한 직장생활을 하는 동안에는 최소한의 '감정 소비'로 최대한의 행복과 안도감을 얻을 수 있다면 좋겠다고 생각하게 되었다.

비록 나는 당신이 살아오면서 가끔 보는 성공한 직장인의 표본도 아니며, 뛰어난 성과로 승진에 승진을 거듭한 굴지의 어느 회사 중역도 아니다. 나는 그저 때로는 어처구니없는 갑질의 희생양이었으며, 망한 회사의 마지막 모습까지 목격한 '박복한 직장인'의 대표 격이다.

지금껏 제대로 말해본 적 없지만, 나와 사랑하는 내 아내를 세상에 있게 해주신 양가 부모님과 내가 무슨 결정을 내리든 항상 응원하고 격려를 아끼지 않는 내 아내와 두 아들에게, "사랑합니다, 그리고 감사합니다"라는 말을 꼭 전하고 싶다. 그리고 이 책이 나오기까지 나에게 헤아릴 수 없이 훌륭한 조언과 도움을 준 분들이 있다. 이 좋은 기회를 빌려 〈한국책쓰기강사양성협회〉의 김태광 대표님, 권동희 대표님, 그리고 주이슬 코치님에게 무한한 감사의 말씀을 전해드리고 싶다.

아무쪼록 이 책이 사회생활을 시작한 지 얼마 안 된 '인생 후배님들'에게 조금이나마 도움과 위안을 줄 수 있다면 좋겠다. 이 책의 출간을 시작으로 삼아, 나는 이 땅의 젊은 직장인들이 살아가는 이야기에 귀를 기울이고, 오늘보다 내일은 조금이라도 행복할 수 있도록 함께 고민하고 싶다. 그리고 함께 분노하기도 하면서, 도움을 줄 수 있는 글을 쓰면서 함께 걷고 싶다. 그리고 마지막으로 말하고 싶다. "이 책을 읽어주셔서 감사합니다"라고.

김보익

# CONTENTS

## 1장

# 취업만 하면
# 다 해결될 줄 알았는데

# 나만 몰랐던 리얼 직장

'인생은 실전'이라는 말을 들어봤을 것이다. 그런데 이 실전을 학창시절에 맛본 사람들이 얼마나 될까? 자신의 성장배경이나 집안 사정, 본인의 성격, 학업성취도 등은 사람마다 다르지만, 학생이던 시절에는 그리 실감하지 못한다. 즉, 학생 때의 삶은 말 그대로 '배우는 시기'이므로 실전과는 거리가 멀다는 의미다. 그나마 공부와 아르바이트를 병행했거나, 어떤 회사에서 인턴생활을 해본 사람이라면 리얼 직장을 근접하게 체험해봤을 것이다.

이제 '배우는 시기'가 끝나고 생업의 전선으로 뛰어든 신입사원 또는 사회초년생들은 전혀 새로운 무대에 올라 새로운 사람들과 상황을 마주하게 된다. 간혹 드라마나 영화에서 비치는 직장생활의 단면들을 보고 실제로 내가 접할 리얼한 상황을 미리 상상해본 적이 있는가? 만일 같거나 아주 비슷하다면 당신이 본 그 작품을 쓴 작가는 리얼리티를 확보하기 위해 많은 취재를 했을 것이다. 하지만 대부분의 작품은 리얼한 전개를 보여주지 않는다. 왜냐하면, 정말로 리얼한 직장생활은 너무 재미가 없기 때문이다. 재미와 감동은 리얼 직장에서 구할 수 있는 것이 아니다. 누군가 고통받는 것을 즐기는 사람에게는 재미가 있을 수도 있겠지만.

"좋은 아침입니다!" 항상 하고 듣는 말이다. 실제로는 좋을 수 없는 아침인데도 듣는다. 오전 9시가 다가오자 사람들이 각자의 자리를 채워 간다. 대학 4학년 내내 오롯이 구직활동에만 전념했다. 결국 내가 원하던 회사는 아니지만, 현실과의 적당한 타협 후 어느 회사에 입사하게 됐다. 봄부터 겨울까지 고스란히 구직활동에 쏟아붓고, 이제 시간은 해를 넘겨 새해를 맞게 되었다. 그나마 이제라도 취업하게 되어 나 자신과 가족들의 근심을 덜게 되어 기뻤다.

낯선 사람들을 일주일에 5일 동안 만나고 소통하고 부딪히는 일상이 시작되었다. 그중에서도 가장 먼저 도전하게 되는 것이 상사, 선배, 동료들의 얼굴과 이름을 외우고 매칭시키는 것이리라. 그리고 각각의 사람들의 성향과 성격을 파악하고 그들에게 나를 맞춰나가는 것도 적지 않은 부담으로 다가온다. 만나기 싫다고 안 만나도 되는 사람들이 아닌 것도 솔직히 너무나 싫다. 뭐든 시작이 어렵기 마련이다.

대학을 갓 졸업하고 나의 이력서에 첫 직장이라고 적은 그 회사 이전에, 사실 나는 2주 다니고 뛰쳐나온 회사가 있었다. 회사를 나오게 된 이유는 다 다르지만(그저 적당히 적성의 문제라고만 포장하고 싶다), 당시 기억을 소환하자면 이렇다. 한 건물 전체가 한 회사인 이른바 사옥을 가진 회사였는데, 입사한 날부터 엘리베이터를 타고 오르내리면서도 알 수 없는 긴장감을 품지 않을 수 없었다. 얼굴은 하나도 모르는데 모두 다 같은 회사 직원들이니, 타고 내리는 사람들 모두에게 인사를 해야 했다. 인사야 '무조건' 하면 되는 것인데, 가끔 '너 누구니?'라는 느낌의 무표정이나 무대응이 당혹스럽기도 했다. 어쨌든 인사는 무조건 했다. 하루에 몇 번을 보든 한 사람에 또 하고 그랬다.

나중에 깨달은 사실이지만 사람들은 모두 약속이나 한 듯 다른 층이나 다른 사업부의 신입사원, 젊은 사원들에 대한 평판을 '인사성'으로 한다는 것이었다. 어느 부서에서 무슨 일을 하는지, 어떤 사람인지 잘 모르니까, 한 사람을 표면적으로 그리고 짧은 시간에 평가할 때 '인사하는 것'을 중요하게 생각했다는 것이다. 인사하는 것은 쉽고도 어렵다. 하지만 어쩌면 작은 노력으로 큰 효과를 거둘 수 있는 것이 인사다.

사람이 하는 일이 곧 인사(人事)이고 지금 나와 마주하고 있는 사람에 대한 예의를 갖추는 것이 인사다. '해야 할까 말아야 할까?' 망설인다면 그냥 하는 것이 정답이다. 한국사람에게 인사는 일종의 서먹한 분위기를 줄여주는, 아이스 브레이킹(Ice Breaking)이다. 당신이 쌓은 간단한 예의는 훗날 당신에 대해 기본적으로 '좋은 평판'으로 돌아올 것이다.

"박 팀장(자기 팀의 팀장), 조심하세요."

나보다 한 기수 먼저 입사한 선배가 탕비실에서 만난 나에게 나지막이 일러준다. 내가 배속된 팀은 아니지만, 우리 팀 옆이기도 하고, 업무적으로도 함께 협의할 것들이 많아 나도 관심이 많던 차였다. 하긴 들으려고 애쓰지 않아도 들리게 되는데, 그 팀의 팀장이 선배에게 신경질적으로 대하거나 언성을 높이는 모습을 나도 본 적이 있었다. 물론 아직은 나와 직접적인 연관은 없으니 그냥 듣고 넘어갔다.

그런데 내가 입사하고 한 달이 채 되지 않은 어느 날 그 선배는 회사를 그만두게 된다. 그 선배를 한 달 정도 지켜보니, 평소 표정이 어둡고 이상하리만치 사람들 눈치를 많이 보는 그런 사람이었다. 당연히 팀장과 팀 선배들과의 관계도 썩 좋지 않았다. 마치 악순환이 계속되는 느낌이 들었다. 입사한 지 1년이 조금 넘은 상황인데 첫 직장을 그렇게 그만두는 것이 안타깝기도 했지만, 이때 느낀 점이 있었다. 누군가의 말만 듣고 다른 사람을 쉽사리 판단해버리면 안 된다는 것이었다.

나에게는 박 팀장님이 내가 잘 적응하고 있는지 묻거나, 스몰토크나 간단한 농담을 걸어오기도 했는데, 왜 그 선배에게는 유독 그렇게 안 좋게 대했을까? 물론 내 팀과 다른 팀 소속이라는 이해관계의 문제가 있긴 했지만, 한 사람에 대한 평가나 의견이 다른 것이 의아했다.

소문은 그냥 생기지 않는다. 하지만 어떤 한 사람에 대한 평가는 내가 직접 내려야 한다. 리얼한 직장생활 속 인간관계도 결국 나를 중심으로 뻗어나가는 것이지, 남의 생각에 좌우되어서는 안 된다. 결국 사람들의 평에 휘둘리지 말고 본인이 직접 대면하고 경험하기 전까지는 속단하지 말아야 한다. 나도 하마터면 큰일 날 뻔했다. 그 옆 팀 팀장님도 그렇고, 많은 다른 사람들에 대한 평을 사람들의 이야기만 듣고 선입견을 품었다면 말이다. 특히나 직장생활을 하면서는 누구를 만나든 최선을 다해서 나이스하게 대하려고 노력하는 태도를 가지면 좋겠다. 그리고 나서 상대방이 나를 어떻게 대하는지 보자. 그리고 판단하자.

"가긴 어디를 가? 같이 저녁 먹어야지."

팀장님한테 퇴근 인사를 하는 순간 듣게 된 말이었다. 사실 이미 퇴근 시간은 한 시간을 넘긴 시점이기도 했다. 미리 들은 바 없는 번개 회식이 이렇게 탄생하는 순간이다. 요즘은 이런 일이 거의 없을 것이다.

선약이 있다고 거짓말이라도 하면서 벗어날 것인가, 아니면 단념하고 따라나설 것인가 3초 고민했다. 사실 팀장님이 갑자기 회식을 통보한 이유는 그날 오전에 큰 실적을 기대할 수 있는 어떤 계약이 체결됐기 때문이었다. 당시 나는 여전히 시큰둥했지만, '이게 리얼 직장이구나. 내가 가기 싫어도 가야 하는 술자리가 있으니 말이야'라고 생각했다.

최근 취업 포털에서 수많은 회사의 인재모집, 인재채용 공고를 보면 '회식 강요 없음'이라는 코멘트를 단 경우를 심심찮게 찾아볼 수 있다. 요즘 직장생활의 모습, 젊은 직장인들의 성향이 윗사람들에게 영향을 미친 것이리라. "누가 요즘에 회식을 그렇게 자주 하나요?"라고 하거나, "코로나19 때부터 회식을 하지 않았는데, 그 이후에도 하지 않고 있습니다"라고 말하는 팀장들도 만나봤다. 간혹 회식을 즐기는 사람들이 아직 있지만, 웬만하면 안 하는 것이 편하긴 하다. 이건 상사들도 마찬가지일 것이다. 그 상사들도 이제 그런 생각을 가질만한 세대들인 것이다.

　하지만 때로는 한 집단 속 사람과 사람의 일로 해석해보면 어떨까? 한 팀에서 아주 중요하고 큰 매출을 예상하는 거래가 성사되었다고 가정해보자. 가족 중 누군가에게 좋은 일이 생겼다면 서로 축하해주고 그간 고생한 사람들을 위로하는 것이 당연할 것이다. 내가 속한 팀도 그러하다. 모든 경우가 그렇지 않지만, 중요한 이벤트가 있다면 나도 그 자리에 함께하고 축하해야 팀의 일원으로서 이른바 '숟가락'을 얹을 수 있을 것이다. 좋은 순간을 함께한 사람은 꽤 오래 기억될 것이다. 특히 신입사원임에도 그 업무에 조금이라도 관여했다면, 그건 자신의 성취라고 봐도 무방하다. 비록 당신이 메인 플레이어가 아니었어도 말이다.

　어색함과 경계심이 공존하는 낯선 회사에서, 리얼 직장에 적응하기 위한 첫 번째 무기는 '매너'여야 한다. 몇 년 전 본 영화 〈킹스맨〉의 "매너가 사람을 만든다(Manners Maketh Man)"라는 대사가 떠오른다. 사람이 되어야 비로소 사람이 하는 일을 할 준비가 되는 것이다. 매너는 사람들과 꼬박꼬박 인사를 나누는 것부터 시작되며, 당신이 그 조직에 녹아들고 적응하는 데 도움을 준다. 또한 당신이 마주치는 사람들에 대한 주변의 평가가 아닌 자신만의 평가가 중요하다. 남에게 들은 평가를 참고는 할 수 있겠지만, 그렇다고 잔뜩 선입견을 품은 채 사람을 대하면 아무래도 진실한 태도를 보여주기 어렵기 때문이다. 남의 말만 듣고 뻣뻣하게 사람들을 대했다가는 낭패를 볼 수도 있다. 또한 조금씩 팀 플레이의 면모를 갖추기 위해 노력하자. 어떤 단체운동이든 주전선수가 되기 위해서는 다른 구성원들의 상황에도 관심을 두고, 함께 합을 맞춰나가겠다는 마음가짐을 가져야 하니까.

# 설렘이 좌절로
# 바뀌는 순간들

누구나 내가 하는 일에 대한 성공과 성취를 소망한다. 잘되지 않을 것 같은데도 그것을 시작하는 사람은 별로 없을 것이다. 무언가를 시작하면서 희망과 긍정적인 생각은 필수다. 하지만 인생이란 것이 뜻대로 되는 법이 드물다. 항상 돌발상황이나 내가 예상하지 못한 일들이 인생 곳곳에서 터지고, 애로사항이 꽃을 피운다. 그렇다고 성공과 성취에 대한 나의 소망을 꺾을 수 있을까. 다만, 그 소망이 잠시 잊히고 안 좋은 것들만 눈에 띄고 내 마음속을 가득 채운다.

업무에 완벽하게 적응하지 못하고 실수와 실패를 거듭하던 때였다. 고등학교 시절 대학입시를 준비하면서 만들었던 '오답노트'를 여기서도 쓰게 될 줄은 몰랐지만, 그렇다고 아직 오답노트의 효과는 체감하지 못하고 있었다. 실수를 거듭하니 팀장도 어쩔 수 없이 나를 '마이크로 매니징(아주 세세한 것까지 관리, 감독함)'하게 되었고, 이 때문에 나도 적지 않게 위축되고 말았다. 이제 조금만 더 가면 이른바 군대의 '관심사병'이 될 판이었다.

이런 상황에서 상사가 나를 평가절하하는 바람에 한 번 더 좌절한 때도 있었다. "거기까지만 해도 될 것 같다. 나머지는 내가 마무리할게"라고 하면서 일을 마무리하지 못하도록 했다. 듣기에 기분 나쁜 표현이었다. 하지만 그때 나름 자기 위안을 열심히도 한 것이, '나를 아직 완전히 아시는 것은 아니니까 어쩔 수 없고, 다음 기회를 노려보자'라고 다짐했었다. 그리고 멈추라고 해서 멈추지 않고, 나라면 그 나머지를 어떻게 해서 완결할지를 생각해서 넌지시 팀장님께 보고했다. 일종의 의견 개진이었다. 결과적으로는 나의 의견도 일부 반영되었고, 본부장 보고를 무리없이 진행할 수 있었다.

당시 상사로부터 상세한 피드백을 받은 것은 아니었지만, 일단 그간 저질러온 실수와 부족한 퍼포먼스를 상당 부분 만회할 수 있었다. 그 이후 다음 단계, 상위 단계 업무를 맡을 수 있게 되었다. 대단한 일들을 한 것이 아니다. 그러나 조금씩 상사와 선배들의 신뢰를 얻게 된 점이 나에게는 자신감을 가져다준 계기가 되었고 그것이 중요했다. 한마디로 '믿고 맡길 수 있는 사람'이 되고자 했다. 상대방이 나를 신뢰하기 위해서는 작은 것부터 시작해야 한다는 점을 깨닫게 되었고, 실수를 반복하지 않고 만회하려는 마인드가 얼마나 중요한지 실감하게 되었다.

실수했다면 학생 때처럼 오답노트를 꼭 써 보자. 그리고 그때의 감정도 충실하게 적어보자. 때로는 객관성을 잃지 않되 자기 자신을 신랄하게 비판하는 평가도 해보자.

그리고 하루 중 잠시 시간을 정해놓고 읽고 또 생각하는 것이다. 그 시점에 나의 상대방은 어떤 생각을 하고 있을지 짐작해서 함께 적어놓는 것도 좋다. 처음에는 '내가 지금 무슨 짓을 하는 거지?'라는 생각이 들 것이다. 그래도 더는 적을 내용이 없을 때까지 하면 좋겠다. 사실 평생 적을 것이 있겠지만 말이다. 그러다 보면 실수와 누락이 줄어드는 순간이 반드시 올 것이고, 어느 순간 오답노트가 아닌 칭찬노트를 적을 수 있을 것이다.

그런데도 사회초년생의 좌절은 끝나지 않았다. 특별히 하는 일 없이 지내던 어느 날, 오래간만에 떨어진 보고서 작성 지시를 받고, 호기롭게 자료조사부터 보고서 목차까지 작성을 끝냈다. 그런데 너무 세세하게 지시하고 자주 점검하는 상사 때문에 자존감이 슬슬 떨어져가고 있었다. 처음에는 그러려니 하고 생각했는데, 너무 자주 부르셨다. 노란색 몸통에, 머리에 지우개가 달린 독일제 연필로 수십 군데 첨삭하셨다. '내가 정말 이렇게나 모자란 사람이었나?'라는 생각도 들었다. 결국 작성 후반부터는 '어차피 다시 할 건데 대충하지, 뭐'라고 생각하며 안일한 생각으로 일을 처리하는 나를 발견하게 됐다.

불과 10쪽도 안 되는 보고서인데 스무 번 가까이 첨삭을 당하고 나니 의욕이 땅에 떨어졌다. 이때 문득 든 생각은 '사소한 것들에 대해 지적을 받는 것은 억울하다 쳐도, 최소한 한 번 언급된 것은 다시 첨삭 당하면 안 되지 않나?'였다. 이때에도 나는 이 첨삭들을 마치 오답노트 쓰듯 내 노트에 옮겨 적었고, 한 번 나온 수정 지시는 되풀이되지 않게 하겠다고 다짐했다. 반복되는 실수는 내 자존심이 허락하지 않았다. 당시 나는 '인정받고 싶은 욕구'보다 '더 이상 욕먹지 않고자 하는 욕구'가 앞섰다. 그리고 나를 지키기 위해서는 더 좋은 성과를 내야 했다. 좋은 인사고과 결과를 위한 것이 아닌 나의 존재를 인정받기 위한 미묘한 차이 때문이었다.

또한 다른 관점에서 보자면, 같은 실수를 되풀이하는 건 그 보고서를 검토하는 사람의 시간을 빼앗는 것이었다. 일종의 민폐다. 회사로부터 받는 월급은 나의 시간에 대한 대가이자, 상사가 할애하는 시간에 대한 대가다. 수백억 원의 자산을 가진 사람이 남의 일을 하지 않는 이유는 그들의 재산을 관리하는 것이 남에게 할애할 시간의 가치보다 훨씬 크기 때문이다. 한 마디로 그들에게는 시간이 가장 중요한 것이다.

많지 않은 돈을 버는 직장인들도 근본적인 개념은 같을 것이다. 회사가 각각의 직원에게 요구하는 것을 돈으로 환산한 것이 월급이고, 이 월급은 회사를 위해 할애한 시간을 기준으로 계산, 지급된다. 그때는 잘 몰랐지만 지금 돌아보니, 그 상사도 팀원들의 업무를 이끌고, 모니터링하는 것 외에 본인의 고유업무가 있었으므로, 나름의 고충이 있으셨을 것이다. '잘 좀 하지…. 네가 나의 시간을 빼앗고 있지 않나?' 나를 보며 이렇게 생각했을 것이다.

그러면 앞으로 첨삭을 더 이상 당하지 않으려면 어떻게 했어야 했을까? 어떤 상사들은 단문형으로 어떤 일에 대한 근본적인 취지나 의도를 설명하지 않고, 그저 '○○○ 해줘, ◇◇◇ 해라' 하는 식이다. 이에 빠르고 정확하게 맡은 업무를 끝내기 위해서는 오히려 내가 먼저 일을 시작하는 시점에서 꼬치꼬치 캐물어야 한다. 일단 단문형의 지시를 받고 내 자리로 돌아와서 잠시 생각의 범위를 최대한 넓혀 생각해보자. 매사에 취지와 의도를 정확히 파악하는 것이 가장 중요하다고 본다. 본인만의 생각의 프레임에 갇히지 않고 상대방이 원하는 방향을 먼저 알아보자. 묻기를 좋아하는 사람은 길을 잃지 않는 법이니까.

신입사원은 자신을 내세우고 다른 사람에게 나의 장점을 어필할 기회가 적다. 이건 개개인의 성격, 성향의 문제가 아니라 환경의 문제일 경우가 많다. 아니면 '모난 돌이 정 맞는다'라는 속담에서와 같이 우리는 돌출 행동, 튀는 행동을 좋아하지 않는다. 이처럼 도무지 도전정신을 발산하거나 자신의 목소리를 내는 것 등에 대한 긍정적인 인식을 찾아보기 어렵다. 물론 요즘의 세태나 분위기는 많이 변화하고 있기는 하다. 자신을 드러내고 프로모션하는 것을 어색해하지 않는 젊은 직원들이 많아지고 있다.

어느 정도 업무에 적응이 되고 지낼 만해진 입사 2년 차 초반, 1년을 조금 넘긴 무렵이었다. 공교롭게도 바로 길 건너 회사에 입사한 학교 동기로부터 연락을 받았다. 저녁에 근처 친구들과 한번 모이자는 것이었다. 당시 내가 다니던 회사가 위치한 지역은 크고 작은 회사들이 밀집한 서울의 업무 중심 지역이어서, 걸어서 몇 분이면 학교 동기들의 회사에 다다를 수 있었다. 다들 사회초년생들로서 각자 자신만의 어려움과 고충을 온몸으로 받아가며 지내고 있었다.

그중 한 친구는 졸업도 하기 전 가을 즈음에 대기업에 입사해서 그날 모인 5명 중 나름 최장 근속기간을 가지고 있었다. 그래봤자, 2년 조금 안 됐지만. 그 친구는 기획 관련 업무를 해왔는데, 어느 날 심혈을 기울여 만든 프로젝트 기획서가 팀장의 검토를 거쳐 임원에게 보고되었다고 한다. 그런데 그 보고서에 들어간 자신만의 아이디어를 팀장이 자기가 직접 한 것처럼 보고하더란다(이런 일이 생각보다 많이 생기는 듯하다). 보고는 성공적으로 끝났고, 실제 필드에서 실행되는 것을 목격하는 뿌듯함을 맛보기는 했지만, 자신의 공이 없어져버린 것 같아 무척이나 낙담하게 됐다.

이런 경우가 너무나도 많다. 그렇다고 '그때 왜 그러셨어요?'라고 묻기도 어렵다. 최소한 내가 초년생일 때에는 그러했다. 몇 달 뒤 그 친구에게 그 보고 이후 어떻게 되었는지 물었다. "어쩔 수 없지, 뭐. 그렇다고 누구한테 이를 수도 없고." 별다른 뾰족한 수는 없어보였다. 하지만 그 친구 본연의 능력은 어디 가지 않는다. 결국은 자신의 역량으로 축적되었고, 현재 그 친구는 모 회사의 영업본부장으로 일하며 잘살고 있다. 다만 부탁하고 하고 싶다. 나중에 당신은 그 상사의 행동을 답습하지 않았으면 좋겠다.

시작은 늘 설레지만, 끝까지 아무 문제 없이 순탄하게 가는 경우는 없다. 앞으로 좌절하고 실망하는 순간을 매일같이 접하게 될 것이다. 다만 그 순간순간을 해결하고, 때로는 수습하면서 다음 단계로 넘어가야 할 것이다. 해결하려고 해도 뜻대로 되지 않아서 좌절하고, 회피했다면 그 자체만으로도 낙담하게 된다. 실패도 회피도 좌절로 귀결된다.

그러나 다행인 것은 이 모든 것들이 당신의 인생 기록이며 또 하나의 역사로 남게 된다는 점이다. 역사나 기록은 현재를 담아내는 것에 일차적인 의미가 있지만, 무엇보다 언제 올지 모르는 미래에 같은 일이 되풀이될 때, 과거와는 달리 '해결하거나, 또는 맞서는' 방법을 알게 해줄 것이다. 좌절한다고 그것이 끝이 아니다. 나중을 위한 당신의 재산이다. 다만, 당신은 그 상사와 같은 짓을 되풀이하지 말아야 한다. 어느 해외 만평에서 본 기억이 난다. '빈 주머니와 실패가 당신을 성공으로 이끌 것'이라고.

# 적응이 곧
# 큰 도전이 되는 현실

취업을 위해 스펙을 쌓아온 당신, 이제 학생의 신분에서 벗어나 직장이라는 정글로 들어섰다. 평소 목표로 한 회사일 수도 있고, 아니면 취업은 해야겠으니 마지못해 들어온 회사일 수도 있겠다. 나는 후자에 가까웠다. 굳이 핑계를 대자면 우선 '게으름'이라 말하고 싶고, 두 번째로는 직장생활 자체를 선입견 가득한 시선으로 바라봤기 때문이다. '그게 그거지'라는 생각을 하면서 회사에 들어갔으니, 어쩌면 이 생각으로 인해 기대를 덜 하게 되고, 생존으로서 직장생활에 빠르게 적응할 수 있었다. 역설적이었다.

아침 9시부터 10시 정도까지는 사무실에 정적과 키보드 소리가 교차로의 교통신호처럼 오고 가기를 반복한다. 이때는 주로 사무실 한쪽 구석의 본부장님 자리에 팀장들 두세 명이 모여 소곤소곤 이야기하는 정도였다. 아마도 그 전날의 팀별 업무에 대해 브리핑을 하거나 그날 주로 다룰 업무 이슈를 보고하는 자리였을 것이다. 나머지 직원들은 '맑눈광(맑은 눈의 광인)'처럼 영혼 없는 표정으로 모니터를 바라보며 무언가를 분주하게 타이핑하고 있었다. 조용한데 키보드 소리만 들리는 상황을 앞으로 자주 보게 될 것이다. 그러다가 오전 근무시간의 중간쯤 되면 일제히 전화벨이 울리기 시작한다. 폭풍처럼 일순간 100명 정도가 일하는 큰 개방형 사무실의 삼 분의 일 정도가 전화통화를 하기 시작한다. 처음에는 어리둥절하기도 했고 텔레비전에서 보던, 바쁘게 일하는 직장인들의 모습을 연상시키는 광경이기도 했다. 역시나 사무실이란 너무 조용해도 싫고, 너무 시끄러워도 정신이 사나워서 싫다.

입사한 지 일주일도 채 안 되던 날이었다. 업계, 업무상 거래처와 영어로 소통하는 경우가 많았고 업무에 쓰이는 용어도 영어 약자가 참 많았다. 그래서 보통 신입사원이 팀에 배치되면 팀별로 일종의 '족보' 같은 것이 있었다. 그 족보의 내용을 최대한 빨리 외우고 숙지하는 것이 중요했다. 그 과제를 완수하는 것은 직원의 일차적인 평가 기준이자 한 팀의 역량으로 평가받았다.

나만 빼고 다 알아듣는 용어와 약어가 내가 있는 공간을 채우고, 거기에 격앙된 통화 소리가 뒤섞여 정신이 나갈 듯했다. 귀가 먹먹하기도 했다. 한국사람이 하는 말인데도 도무지 알아들을 수가 없었다. 더군다나 당시 해외 지사에서 채용한 현지직원들이 이곳 본사에서 OJT(On-the-Job Training, 직장 내 훈련)를 진행 중이었기 때문에, 제2외국어도 심심찮게 들려왔다. 내가 하나도 모르는 언어를 쓰는 나라를 출장 갔거나 여행해본 경험이 있는가? 심지어 글자도 읽을 수 없는 나라를 가본 적 있는가? 답답함을 넘어 불안감이 앞서고 근심과 걱정이 머릿속에 채워진다. "곧 익숙해질 거야. 원래 좀 시끄러울 때가 있어"라고 자상히 말해주는 사수 덕분에 이내 위로가 됐지만, '이 시기를 빨리 넘어서자'라는 생각을 하게 되었다.

'적응'은 '주위 환경과 나의 생활이 조화를 이루는 것'이라고 한다. 나는 그 조화를 이루기 위해 주변 사람들이 말할 때마다 그 사람의 말에 집중하며 그 용어들을 받아쓰기 시작했다. 가끔 그 사람과 눈이 마주치기도 했다. 그러면서 나만의 리스트를 만들어 이미 받은 족보와 대조해보고, 선배들에게 묻고, 그 용례가 어떠한지 적어놓았다. 심지어는 그 말을 하고 들을 때의 상황도 간단히 써놓았다. 또한 내가 먼저 그 용어들을 섞어가며 상사에게 어떤 질문을 하는 상황을 상상해보기도 있다. 지금 생각해보면 사실 별것 아니지만, 초반에는 도전이라면 도전이다. 사소한 것이기 때문에 빨리 적응하고 그다음 단계로 넘어가는 것이 바르다고 생각했다. 말귀를 알아들으니 큰 도전거리가 사라졌다. 3개월 정도 걸렸다.

직장인의 언어는 학생과 다르다. 심지어 말투와 말할 때의 태도 또한 다르다. 학생시절의 말투를 그대로 쓰거나, 친구들과의 대화방식을 고스란히 회사에서 보여준다면, '내가 네 친구냐?'라는 말을 들을 수도 있다.

언어는 주어진 상황에 따라 달리 써야 한다. 다시 말하면, 상황에 맞는 언어와 태도를 보여주는 것이 청산유수와 같은 달변보다 우선한다. 더군다나 회사는 내가 말하기 싫다고 안 해도 되는 그런 곳이 아니므로, 상사, 선배, 동료들에 따라 명확한 전달능력을 구사해야 한다. 말을 잘하는 것도 결국은 자꾸 해봐야 느는 것. 어쩌면 의사소통도 한 사람의 능력에 대한 척도이고 살아가는 무기일 것이다. 이 모든 것이 제대로 작동하려면 사소한 업무 용어에 대한 숙지가 최우선이다. "아직도 이걸 몰라?" 이 질문이 제일 듣기 무섭다. 그도 그럴 것이 누구든 자기 일을 대충대충 하는 사람을 인정해주지는 않는다.

학생시절을 큰 무리 없이 굴곡 없이 지내온 나였지만, 누구나 그렇듯 공부는 정말 하기 싫은 것이었다. 취업하고 나니 얼마나 기뻤는지 모른다. 돈도 많이 벌지 못하면서 '이제 돈만 벌면 된다'라고 짧은 생각도 했다. 그렇지만 마주한 현실은 '이렇게 공부할 게 많나?'라는 놀라움이었다. 신입사원 또는 주니어사원들에 대한 교육을 체계적으로 하는 회사든, 또는 바로 위 선배가 주는 비장의 무기이든, 회사, 부서, 본인 자신이 하는 일에 관해 할 공부가 생각보다 많다. 이 공부라는 것을 빨리 끝내야 적응이라는 목표를 수월하게 달성할 수 있을 것이다. 초년생 시절의 특권을 가지고 모르거나 이해가 안 되는 것이 있다면 서슴없이 물어보고 다니자. 훌쩍 시간이 지나고 나면 그때는 부끄러워서 물어보지도 못한다.

용어의 벽을 넘었더니 '절차'에 대한 벽이 새로이 나타났다. 조그마한

비품을 얻어 쓰거나 하루짜리 출장을 따라가서 비용을 정산하는 것, 아니면 보고서를 작성해서 이른바 '결재라인을 태우는 것'도 모두 그들만의 절차가 있었다. 신입사원 때는 이런 것도 큰일이자 도전이다. 다행히 절차서나 매뉴얼이 있고 이것을 읽고 익히는 시간을 주는 회사도 있지만, 그냥 무턱대고 시키는 회사도 있었다. 모르면 묻는 수밖에. "그냥 하면 돼요"라는 말을 듣더라도 악착같이 묻고 시작해야 한다. 질문하는 것을 망설이고 머뭇거리면 결국 당신이 손해 본다. 같은 일을 두 번, 세 번 하게 된다. 이건 대안을 줄 수가 없다. 무조건 묻고, 확인하고, 과정을 체크하면서 한 번에 숙지하고 적응해라. 다만 더 중요한 점은 같은 절차를 두 번 묻지 않도록 하는 것이다.

직접 겪어보니, 요즘의 젊은 직원들은 예전보다 더 성실하고, 전문성에 대한 마인드가 더 좋아졌다. 회사와 개인의 삶을 정확히 구분하고 각각의 삶에서 최선을 다하려는 모습들이 너무나 보기 좋다. 하지만 간혹 회사와 자신을 지극히 별개의 것으로 생각하는 사람들이 있어 아쉽다. 워라밸(일과 삶의 균형)을 따지자면 '시간'을 구분하는 것은 맞지만, 내가 한 회사에 소속되어 있고 내가 맡은 업무가 있는 한, 나의 일에 대한 '경건하고 성실한 마음가짐'을 가질 필요가 있다. 부인하고 싶겠지만 어느 정도는 회사와 내가 같은 운명 속에 있기 때문이다.

어려운 상황에 놓인 중소기업들이 더 많아졌다. 회사가 망하면 나는 그냥 나가면 된다고? 그러한 당신의 운명도 당분간은 녹록지 않을 것이다. 물론 내가 할 수 있는 건 없다고 생각하더라도, 당신의 삶에 적지 않은 영향을 끼치는 것은 분명하다.

　이러한 마음가짐을 가지고 회사의 절차를 숙지하고 적용하자. 절차는 그 회사의 구성원들이 약속한 일의 순서이자 요건들의 모음이다. 그들의 약속을 제대로 지키는 것은 기본적인 애티튜드(Attitude)이자 당신의 기본적인 상식과 마인드를 가늠해볼 수 있는 기준이 된다. 또한 다른 부서와 업무상 소통이 필요할 때도 어떤 정해놓은 절차가 없는지 먼저 확인해야 한다. 간혹 그 절차를 모르거나 때로는 무시하고 일을 진행했다가 양쪽의 비난을 동시에 들을 수도 있다. 다른 팀에게까지 내 잘못이 공개되는 무서운 순간이다. 이건 꼭 명심하자.

　회사는 '상품 또는 서비스'를 팔아 매출을 내고 수익을 얻는 것이 존재 이유다. 그래서 (두말할 필요가 없지만) 내가 팔고 있는 제품에 대한 공부와 숙지가 필수다. 생활가전 회사에서 B2B 영업을 하게 되었을 때, 마치 오타쿠가 된 것처럼 제품을 공부한 적이 있다. '문송합니다'의 주인공인 문과생이었음에도 전기전자제품의 원리를 알기 위해 관련 서적을 찾아 읽었고, 제품을 직접 자비로 구입해서 분해해보기도 했다. 분해한 후 각각의 부속을 바닥에 늘어놓고 사진을 찍고 파워포인트로 옮겨 명칭과 기능 등을 적어놓았다. 해놓고 나니 제품에 대한 고객사의 질의에 무리 없이 답을 할 수 있었고, 무엇보다 상사의 지시를 잘 알아들을 수 있게 되었다.

　제품들을 이 세상에 나오게 한 주역들, 즉 기획 담당, 엔지니어들이 회사에 있었다. 그 담당, 선배들은 이른바 해당 제품에 관한 한 '산증인'이 자 그 제품에 대한 초기 기획부터 출시까지의 여정을 알고 있는 사람들 이다. 한 번에 길게 시간을 빼앗을 수는 없었지만, 이 사람들에게 생각날 때마다 짤막한 질문들을 던지고 그 답을 듣는 것이 많은 도움이 되었다. 때로는 아주 퉁명스럽고 무미건조한 표정으로 나를 대하기도 했지만, 그 속마음은 그리 나쁘지 않은 듯했다. 일단 내가 살고, 내가 적응하는 것이 최우선이므로, 감수하고 들었다.

또한 필요하다면 그 배경이 되는 기술의 개론이라도 공부하려고 했다. 하다못해 중고등학교 과정의 참고서도 펼쳐보고, 각종 기계나 전자제품 의 작동원리를 그림으로 알려주는 책까지 봤다. 1년을 그렇게 하고 나니 외부 사람들에게 제품에 대한 설명을 하고 제안을 하거나, 제품의 개선 을 위한 내부협의를 할 때 나의 목소리를 내기가 수월해졌다. 예상하지 못한 질문에도 그간 공부한 내용을 기반으로 최소한 꿀 먹은 벙어리가 되거나, '나중에 확인하고 회신 드리겠습니다'라는 허무한 답변은 하지 않으려 노력했다. 설령 나의 질문을 받는 사내 담당자들이 성가셔하거나 아쉬운 소리를 하더라도 회사 밖의 사람들에게 부정적인 인상을 주는 것 보다는 백 배 나았다. 결국은 질문을 들고 다니면서 사람들을 직접 만나 묻고, 의견을 듣는 것이 지름길이었다. 용기를 내는 것이 아니라 생존을 위한 것으로 생각하자.

그래서인가 적응은 근면함과 관련이 깊다. 그냥 알아서 몸이 적응하 는 생물학적인 적응과 개념이 다르다. 사회초년생의 능력은 입사할 때

가지고 들어온 것도 있고, 들어온 후 얻게 되는 것도 있을 것이다. 내가 일정 기간에 얼마나 나아졌나, 발전했나 자문해보자. "적응이 안 되요"라고 말할 수 있다. 그 이유가 만일 사람 사이의 관계 때문이라면 다른 내용이겠으나, 당신의 회사를 움직이는 근본적인 요소들, 용어, 절차, 제품 등에 대한 것이라면 당신의 노력과 태도를 잘 다듬으면 충분히 이룰 수 있는 적응이다. 이건 당신의 잠재력으로도 얼마든지 얻어낼 수 있다. 눈과 귀를 열고 주위를 보자. 회사에서는 오로지 나에게만 집중하는 것이 결코 권장할 만한 것은 아니다. 우리는 월급을 받는 톱니바퀴다. 톱니바퀴는 혼자 움직이지 않는다.

# 월요일이 무서운
# 당신에게

"무서운 이야기 하나 해드릴까요? 내일이 월요일이에요."

'월요병'이라는 말은 상당히 역사가 깊다. 한국사회에 국한해서 보면, 농경사회에서 산업사회로 접어들고, 누군가가 만든 직장에서 일하고 일요일을 쉬게 된 시절부터 존재했던 말이다. 주 5일 근무를 하기 이전에도 일요일에는 쉬었으므로, 월요병은 이전부터 있었다. 이 질병 아닌 질병은 서양사람들에게 더 역사가 깊다. 말 그대로 '먼데이 블루스(Monday Blues)'라는 표현인데, 우리 한국사람들에게도 적지 않은 공감을 준다. 하지만 이 사람들도 무언가 확실한 대처법이 있는 것 같지는 않다. 이것이 정말 질병이고 많은 사람이 해결을 위해 연구를 했다면 마치 두통약을 먹듯 알약 하나로 없앨 수도 있었겠지만, 현재로서는 별 뾰족한 수가 없다. 정도의 차이는 있겠지만 누구나 가지고 있는 월요병, 아마 사장님들 빼고는 다 있을 것이다. 그리고 사장님 이외에도 또 누군가는 월요일을 고대하기도 할 것이다. 입장과 처지에 따라 다른 건 이것도 마찬가지다.

입사 후 초반에는 그러지 않는데, 입사 후 몇 개월이 지나자, 이상하게도 월요일 아침 사무실 내 자리에 앉는 순간 어지럽고 피로한 느낌이 강해졌다. 사실 우울할 겨를은 없었다. 상사, 선배들이 출근하기 시작하면 긴장을 느꼈기 때문이었다. 주말 사이에 들어온 이메일들을 빨리 확인하고 예상되는 내부 협의내용을 준비해야 했다. 멀쩡한 정신과 몽롱함이 밀물과 썰물과 같이 반복됐다. 이러니 월요일 점심시간에는 음식이 잘 넘어가지 않을 정도로 식욕이 없었다. 일부러 아침을 먹지 않고 출근했음에도 그냥 건너뛰고 엎드려 자고 싶을 정도였으니까.

그러고 보니 주말에 잘 쉬었다고 생각했지만, 그것도 아닌 것 같다. 일찍 잠들기 아까워 늦은 시간까지 밖에서 놀거나, 오전 내내 잠을 자고 오후 일찍 첫 끼니를 먹는 휴일을 반복했다. 때로는 이상하리만치 일찍 일어나서 평일의 수면시간을 채우지 못하는 경우도 있었다. 주말이 아까워서 몸이 먼저 반응하고 저항한 것 같다. 그러다 '낮잠이라도 잠깐 자볼까?' 하는 순간, 어둑어둑해지는 하늘을 볼 수 있는 저녁시간이 되고는 했다. 허무하고도 황당한 느낌 가득한 일요일 저녁이다.

심지어는 월요일에 출근해야 한다는 것이 너무 싫어서, 일요일 저녁에 술을 마시기도 했다. 일종의 현실도피였겠다. 나와 같은 생각과 기분을 가진 한 동네 사는 대학 동기를 불러내 동네 상점가, 번화가를 거닐었다. 일요일 저녁 시간임에도 많은 사람이 저녁을 먹고 술을 마시는 모습을 봤다. '이 사람들은 내일 출근 안 하나?' 다들 유쾌하게 웃고 떠들며 있는 모습을 보면서 나도 이미 정해진 월요병을 애써 피하려고 별짓을 다 한 것이다.

특히 사회초년생 시절에는 알 수 없는 해방감이란 것이 있어서 자기계발을 위해 주말을 할애하는 따위의 생각은 일부러라도 하지 않았다. 놀고 쉬고, 쉬고 놀고를 반복했다. 그렇다고 휴대전화를 완전히 충전시키듯 잘 쉬는 것도 아니고, 하여튼 이도 저도 아닌 일요일이었다. 나만의 취미생활, 힐링을 위한 혼자만의 시간을 내는 것이 아직은 많이 어색한 시기였다. 하지만 직장생활을 20년 넘게 한 지금도 월요병은 남아 있다. 마치 내 사회생활의 시작과 끝을 월요병과 함께할 것 같은 느낌이다. 지금도 월요일은 두렵다.

월요일은 늘 퇴근 시간만 겨우겨우 기다리면서 시간을 보내고는 했다. 물론 업무지시는 끊기지 않고 내 앞에 떨어졌다. 마치 동전을 넣으면 캔음료를 뱉어내는 자판기처럼 눈만 뜨고 앉아 있다가, 누가 부르면 아무 일도 없었다는 듯 반응하기도 했다. 아마 추측하건대 상사들은 이런 나의 상태를 알아채고 있었을 것이다. 본인들도 쉽게 넘어가지 못하는 월요일이기 때문이리라.

나는 언제부턴가 월요일 점심은 조금 부담되더라도 비싼 음식을 사먹었다. 회사 구내식당을 피해 근처에서 일하는 친구들과 약속을 잡거나, 여의치 않으면 '약속이 있다'라고 거짓말을 하고선, 회사에서 한 블록 떨어진 식당들을 찾아가서 혼자 먹기도 했다. 그래봤자 아주 대단한 음식을 먹는 것은 아니지만, 먹는 즐거움이라도 있어야 월요일을 버틸 수 있을 것 같았기 때문이다. 이제는 자주 그럴 순 없지만, 사실 이 습관은 20년이 지난 지금도 유효하다. 상황이 여의치 않은 요즘은 주로 월요일 저녁에 그렇게 하기도 한다.

오후만 어떻게든 잘 버티면 되는데, 월요일 점심시간에 자신에게 맞는 방법을 찾아서 실천해보자. 5일을 일하는 직장인이라면 하루는 일주일의 20%를 차지한다. 소소한 나의 일상을 질병도 아닌 월요병 때문에 먼지처럼 날려 버릴 수는 없다. 예를 들면, 점심 한 끼는 먹지 않아도 크게 지장이 없는 사람이라면 한 시간 동안 회사 주변을 걸어보자. 아니면 날씨가 좋지 않거나 너무 덥고 춥다면, 회사 근처 피트니스센터에서 1일 회원권이라도 끊어서 한 시간 동안 러닝머신 위를 달려보자. 아무래도 몸을 혹사하는 것이 어떤 면에서는 정상적인 상태로 되돌리는 가장 좋은 방법인 것이다. 또는 마음에 맞는 동료들과 점심 약속을 잡거나, 혼자 근처에서 아이쇼핑을 하는 것도 좋아보인다.

돌아보면, 사회초년생인 나에게 월요병은 이변의 여지 없는 당연히 일어날 일이었다. 월요일 하루를 잘 견뎌내고 무사히 집으로 퇴근하는 것이 목표인 만큼, 잘 견뎌낼 수 있는 동기를 부여하는 것도 좋은 방법이라고 생각했다. 그래서 그 전주 목요일이나 금요일에 월요일로 모임 또는 데이트 약속을 잡기도 했고, 혼자 영화관에 가서 최신 개봉영화를 보기도 했다. 아니면 평소 갖고 싶었던 물건, 옷, 전자기기 등을 그 전주에 미리 주문하고 월요일, 화요일에 배송되어 도착하도록 한 경우도 많았다. 무언가를 기다리는 즐거움이 월요병을 조금이나마 희석해줄 것으로 기대하면서….

결국 우리는 회사에서 일하는 동안 좋은 성과를 내는 것이 최우선이다. 이것을 부정할 수는 없다. 월요병이 이 최우선 과제를 제대로 해내는 것을 방해하는 장애물이라면 이를 없애는 것도 방법이지만, 이에 맞서는 것도 다른 방법이 될 것이다. 월요병을 피하려는 방법으로 '월요일 예행연습'을 권하고 싶다.

그렇다고 미련하게 일요일이나 공휴일에 출근해서 일을 미리 하라는 당치 않는 말을 할 수는 없다. 내 기억으로는 10여 년 전 실제로 이런 내용이 뉴스를 통해 알려지기도 했다. 당시 친구들과 메신저를 통해 공유하면서 쓴웃음을 지었던 생각이 난다. 내가 권하는 방법이란 일요일 저녁에 다음 한 주 동안의 일정, 주요 현안 등에 대해 적고, 이를 '대략' 어떻게 파악, 처리, 질문할지 생각해보는 것이다. 잘 적어서 두세 번 읽어보고 다음 날 출근할 때까지 쳐다보지도 말자. 괜스레 생각이 많아지면 잠드는 것이 너무 힘들 것이고, 그것도 또한 월요병의 원인 중 하나가 될 수도 있으니.

초년생이든 30년 차 베테랑이든 직장인으로서 살아가기 위해서는 어느 정도의 자기통제력도 필요하다. 이건 노예근성에서 나온 생각이 아닌, 노동력을 제공하는 대가로 금전을 받는 프로의 세계에서 갖춰야 할 최소한의 매너. 간혹 특정 종목, 프로 스포츠선수들의 음주파문이 문제가 되는 것은 다음 날 있을 경기를 앞두고 제대로 된 마음가짐을 갖지 못해서지, 초라한 성적 때문이 아니다. 성적은 좋았는데 그런 불미스러운 일이 발생했다하더라도 그냥 쉽게 넘어가지 않을 것이다.

요즘의 나에게는 월요병이 거의 사라진 듯하다. 예전과 달리, 주말에 늦게까지 술을 먹거나 밤길을 쏘다니지 않게 되었다. 아무래도 생산적인 독서를 하고, 책을 쓰는 일을 시작하다 보니 하루하루 흘러 지나가는 것이 아까워서다. 또한 주말이라고 어김없이 몇 시간씩 낮잠을 자고, 온종일 소파와 한 몸이 되어 누워 있지 않는다. 졸음이 쏟아지는 주말이면 집 근처 도서관을 가거나 야트막한 동네 산에 올라가기도 한다. 최근에는 졸음을 쫓기 위해 샤워를 하루에 7번씩 한 적도 있다. 일부러 잠이 들지 않으려고 노력하면서 월요일을 대비한다. 지나친 휴식은 월요병을 부르는 마법이다.

가뜩이나 힘들고 외로운데 이제는 출근까지 하기 싫고 무섭다. 하지만 다들 말을 안 해서 그렇지 대부분의 사람이 당신과 같은 고충과 고민을 갖고 월요일 아침을 맞이한다. 남들도 다 그렇다고 해서 '그냥 참자'라고 말하고 싶지 않다. 더군다나 어쩌면 수동적으로 업무를 해나가고 배워나가야 하는 사회초년생의 입장에서 월요일은 당신의 상사, 선배들보다 더 무서운 존재일 것이다. 큰 해결책을 이 책에서 얻을 수 없을 것이다. 하지만 주말에 제발 집 안에만 처박혀 있지 말고 집 밖으로 나가 몸을 피곤하게 만들자. 일주일 동안 버틸 수 있는 체력을 주말에 충전한다고 여기고 들로 산으로 나가자. 이성친구가 없다고 방 한구석에서 무릎을 세우고 앉아 울적해 하지 말고 주중에 할 수 없는 일을 조금씩 해나가자. 주말에 무언가 새로운 도전, 자기계발, 친목모임 등을 해서 시간이 쌓이면 그것들이 훗날 제2의 인생을 만들 토양이 될 수도 있을 테니.

# 들어가자마자
# 나가고 싶은 당신

'추노한다'는 인터넷 밈(Internet Meme)이 있다. 본래 '추노(推奴)'란 '도망간 종을 찾아오던 일'을 의미하지만, 인터넷상에서는 '직장에서 마주하는 문제(업무강도, 비합리적 처우, 임금체불 등)로 인해 직장에서 도망치는 것'이라는 의미로 쓰인다. 본래의 뜻에서 왜곡된 점이 흥미롭다. 주로 육체적 노동을 제공하는 직장에서 빈번히 발생하기는 하지만, 이름만 들어도 다 아는 대기업이든 아주 작은 규모의 스타트업이든 얼마든지 일어날 수 있다. 다들 '아차! 이게 아닌데'라는 생각이 드는 순간이 있을 것이다. 추노하는 이유는 각양각색이지만 그것을 단행하는 사람의 마음은 서로 비슷할 것이다. 오죽하면 그럴까 하는 생각도 들지만, 어떤 분들은 '요즘 젊은것들' 운운하며 비난을 하기도 한다. 하지만 정말 행동으로 옮기는 사람들은 많지 않다. 마음속에서는 그러고 싶어도 수많은 현실의 문제가 이를 가로막기 때문이다.

많은 사람이 비슷한 경험을 했을 것이다. 나의 사회초년생 시절 만난 한 상사는 기분파에 다혈질의 성품을 가진 분이었다. 가끔 내가 저지른 사소한 실수에도 큰 소리를 내거나, 창피하게도 주위 사람들이 다 듣도록 내가 한 일을 '공개'하는 경우가 있었다. 이렇게 되면 내 자존감은 바닥을 긁고 다음 일을 하기 위한 의욕이나 열정이 사그라들게 되어 일을 손에 잡기가 어려웠다. 악순환의 시작점이 된 것이다. 보다 못한 옆 팀의 상사가 "좀 조용히 좀 합시다"라고 한 적도 있을 정도로 강도 높은 비난이었지만, 그런 말씀을 해주신다고 해서 내가 위로를 받을 포인트는 아니었다. '또 실수하면 어쩌지?'라는 생각이 '앞으로는 그러지 말고 잘 해보자'라는 것을 압도했고, '이럴 바에는 하루빨리 도망쳐야 하나?'라는 생각까지 하게 되었다.

나의 미래와 현재의 생계가 달린 회사를 그만두는 이유가 뭘까? 사람마다 다른 상황과 사정이 있겠지만, 가장 많은 이유는 바로 상사와의 불화다. 그 상사와의 불화가 이른바 '컬처핏(Culture Fit)'이 맞지 않는 상황으로 확대되는 경우도 있다. 그만두는 것은 회사지만, 사실 그 상사와 물리적으로 멀어지기 위해, 만나지 않기 위해 사직서를 낸다. 회사 측이 그 상사에게서 벗어나도록 무리 없이 부서를 옮겨주고 그 뒤에 몰려올 주위의 반응, 평판에 자유로울 수 있다면 굳이 사직서를 낼 필요가 없을 수도 있겠다. 하지만 이런 경우는 매우 드물 것이다. 직접적인 당사자가 아닌 이상 내막을 모르는 사람들은 나의 부적응을 먼저 떠올릴 것이기 때문이다. 더군다나 나에 대한 인사고과, 인사권을 가진 상사를 내가 먼저 벗어나겠다고 의사 표시를 한다면 그야말로 리스크가 크다.

자기 마음이 가는 대로 행동하는 것이 최우선이라고 생각은 한다. 하지만 이번 회사를 끝으로 더 이상 직장생활은 하지 않겠다는 사람을 제외하고는, 대부분의 사람은 또다시 다른 회사를 찾아봐야 한다. 이때 지금 다니는 회사를 어떻게 그만두었는가는 다음 회사의 사람들에게는 상당히 중요한 관심사다. 조금 더 생각해볼 문제는 '업계'다. 정말로 초짜 신입사원이라면 본인이 지금 하는 직무와 관계없이 새로운 업계의 일자리를 구해도 무방할 것이다. 하지만 2년이든 3년이든 한 가지 업무를 해왔다면 이 경력을 아무런 미련 없이 버리는 것은 너무나도 아깝다. 물론 '이젠 지긋지긋해서 못해 먹겠다'라고 생각한다면 말릴 생각이 없다. 그래도 계속 이런 일하고자 한다면 퇴사를 고려하고, 사직서를 내고 이유와 시점, 성공과 실패 각각의 경우에 대한 계획, 대비책 등을 냉철하게 판단해야 할 것이다. 설령 당신이 '욱하는 성질'의 소유자라고 하더라도 생계와 돈이 달린 이슈는 한 번 더 생각하고 고민하면서 움직이자. 안 그러면 정말 후회한다.

순간적인 충동으로 사표를 던지고 그다음의 전개 과정이 순조롭게 돌아가지 않아 애를 먹는 친구들을 몇몇 봐왔다. 중고등학교 시절 같은 동네에 살던 오랜 친구 하나도 그런 경우였다. 사실 이 친구는 평소 아주 점잖고 생각이 깊은 친구였지만 속으로 분을 삭이는 면이 다분히 있었다. 2년 정도 다닌 회사에서 재무 업무를 담당하고 있었는데 자신보다 먼저 입사했지만, 나이는 본인보다 어린 선배와 약간의 갈등 관계를 팽팽히 유지하고 있던 터였다. 사소한 반감이 쌓이고 쌓인 어느 날 폭발하게 되었고, 이 분란을 제대로 처리하지 못한 팀장은 삼자대면 이벤트를 진행해주게 된다. 사실 크게 싸운 적 없지만, 그냥 갑작스레 멀어지게 되는 연인관계처럼 그렇게 회사를 나오게 됐다. "고작 그것 때문이었어?"라고 한 친구들이 많았다. 하지만 본인의 사정은 본인만 아는 것이니… 결론만 말하자면 그 친구는 다음 회사를 구하기 전까지 꼬박 1년 동안 백수 생활을 이어갔다.

여기서 문제는 회사에서 사람들 사이에 있을 감정적인 이슈를 어떤 관점에서 보느냐다. 사람들끼리 부대끼며 일하는 곳이 직장이기는 하나 그렇다고 서로 대단히 끈끈한 관계를 기대하는 것도 무리가 있다. 무미건조하되 약간의 자본주의적 미소와 배려를 갖추는 것이 비결이 될 것이다. 기대하지 말자. 이들은 회사를 나오는 순간 남남보다 더 먼 사이가된다. 그냥 서로 기대하지 않고 최대한 다른 직원들에게 피해를 주지 않는 범위 내에서의 인간관계를 구축하자. 자고로 '형!', '언니!' 이렇게 호칭하는 사람들은 조심하자. 뭐든 적당한 것이 좋다는 말이다.

누구나 자신의 미래는 지금보다 나을 것으로 기대하고 살아간다. 이것이 내 삶에 에너지를 불어 넣어준다. 겉으로는 '마지못해 살아가고, 회사 다닌다'라는 사람들도 속으로는 아주 조금의 희망과 기대를 하고 살고 있을 것이다. 그렇지 않다면 오늘이 당장 지옥 불구덩이와 같을 것이다. 그런데 간혹 보면 나보다는 남의 모습을 보면서 나의 미래를 예상하기도 한다. 어릴 적에는 내 부모님의 모습이 나의 미래와 닮았을 것이라 했고, 학창시절에는 선배가 취업한 회사들, 그들이 하는 지금의 사회생활이 곧 나의 미래라는 상상을 했을 것이다. 나와 같은 집에서 사는 내 부모님과 나와 같은 것을 공부한 학교 선배들을 통해 '나도 곧 저렇게 되겠지'라고 생각하며 미래를 준비해왔다.

군대를 갔다 오고 3학년으로 복학한 가을이었다. 가끔 직장생활을 하는 동아리 선배들이 학교에 찾아와 모임에 참석하고는 했다. 선배들이 사회생활을 하면서 본 '쓴맛'을 남의 일인 양 재미있게 듣기도 하고, 해외 출장을 따라가서 만난 사람들 이야기나 회사에서 함께 일하는 악역들(요즘 말로는 '사무실 빌런')의 스토리를 듣기도 했다. 간접경험으로나마 직장생활을 미리 해보는 느낌도 들었고, 아직 체험해보지 않은 것에 대한 막연한 두려움도 함께 느꼈다. 하지만 기본적으로는 빨리 졸업해서 돈 벌자는 것이 내 생각이었다.

나는 운 좋게도 소수의 악역을 제외하고는 선하고 훌륭한 인품을 가진 선배들을 많이 경험할 수 있었다. 그 회사를 떠난 지 아주 오래되었지만, 아직도 그분들을 가끔 떠올리고 안부를 궁금해하기도 한다. 나의 성가신 질문들에도 자상하게 설명해주시던 선배들, 내가 힘들어하던 시기에 소중한 조언과 위로를 해주신 선배들이 있었다. 항상 피곤함에 쩔어 충혈된 눈으로 아침 인사를 나누던 선배들, 팀장들이 지금도 가끔 생각난다.

15년 전 나는 회사에서 '경영악화로 인한 구조조정'을 겪었다. 당시 많이 놀랐다. 직원들이 열심히 자신들을 갈아가면서 여태껏 본 적 없는 훌륭한 실적을 올린 지 2년이 채 안 되던 시점이었기 때문이었다. 임직원 전체가 사직서를 내고 구조조정으로 정리대상이 되는 사람들의 사직서만 수리하는 방식이었는데, 태어나서 처음으로 사직서를 쓰게 된 것도 이때다. 이 시기에 나는 여러 인간의 지질한 모습들을 아주 가까운 거리에서 관찰할 수 있었다. "나는 욕심이 없다"라고 하면서 사직서 제출을 독려하던 몇몇 임원들과 "그래도 넌 살아남아야 하지 않겠냐?"고 했던 팀장들… 사실 이런 사람들이 더더욱 생존의 본능을 강하게 발산하고 있었고, 애꿎은 젊은 직원들이 대거 정리해고되었다. 그러다 보니 이런 불합리한 상황을 목격한 의로운 사람들이 권고대상이 아님에도 자발적으로 사직서를 던지기도 했다. 회사가 인심을 제대로 잃어가는 모습을 목격했다.

　　과장급, 팀장급(차장, 부장)들도 많은 사람이 정리해고되었는데, 평소에도 그분들이 격무에 시달리고 이리 치이고 저리 치이는 모습들을 보고 있으니, '이게 결국 나의 미래의 모습인가?' 하는 생각에 도무지 힘이 나지를 않았다. 이렇게 살면 나도 결국에는 저렇게 될 것 같았고, 열심히 아웅다웅 살아봤자 저 모양이 될 것이라는 불안감이 생겼다. 그분들에 대한 안쓰러움이 어느샌가 불안감으로 바뀌는 순간이었다. '이렇게 정리당할 바에는 애초에 직장생활을 하지 말고 구멍가게라도 해야 했나?'라는 쓸데없는 후회를 한 적도 있었다. 이후 구조조정은 마무리되고 나간 사람이나 남은 사람이나 큰 상처를 안게 되었다. 이때 다시 한번 회사라는 곳의 냉혈함을 느끼고 나도 한층 더 냉소적인 마음을 가지게 된 것이 참으로 아쉽다.

들어온 지 얼마 되지도 않아 '몹시도 퇴사를 하고픈' 상황 속에 있는 가? 상사의 폭언, 동료직원들과의 불협화음, 뻔히 보이는 멋지지 않은 미래로 인해 더 이상 이 회사에 다니고 싶은 생각이 사라질 때가 많다. 하지만 회사, 사회생활, 직장생활이라는 것이 학교와 다른 점은 '의무'가 아니라는 점이다. 어떤 사람들에게 직장생활은 '마지못해서' 하는 것은 맞지만 일단 결정해서 직장에 들어왔으면 다음 단계(퇴사, 이직, 나만의 사업 등)를 과감히 단행할 수 있는 밑받침을 만들어놓는 것을 염두에 두자. 내가 선택할 수 없는 관계는 힘들다. 피할 수도 없다. 당신의 미래는 아직 시작도 하지 않았다. 그 소중한 미래를 위해 이 시련을 불쏘시개로 삼아 활용해보자. 그렇지 않으면 그 시련을 되풀이하게 되니까. 단, 어느 정도의 시간은 필요하다.

# 회사에는 분명한
# 그들만의 규칙이 있다

'회사'와 '사회'. 이 두 단어는 글자의 앞과 뒤만 바뀌어 있다. 같지만 다른 듯한 두 단어지만, '사람들의 모임'이라는 의미와 '공동의 이익을 추구한다'라는 목적은 같다. 이제 새로이 사회생활을 시작하거나 사회에 나온 지 얼마 되지 않은 사람들에게는 이 두 가지 집단에 익숙해지는 게 가장 어렵고 두려운 일이다. 어떤 무리든 그들이 공유하는 가치가 있고, 추구하는 가치가 다른데, 아직 그것을 모르기 때문이다.

회사의 목표는 한마디로 '이익을 내는 것'이다. 규칙은 그 목표를 이루려는 구성원들의 언행, 판단과정, 소통방식 등을 가이드하는 데 쓰인다. 고상하지 못한 비유겠지만, 싸움판에서 이기고 도박판에서 돈을 따기 위해서는 그 판이 돌아가게 하는 규칙을 파악하는 것이 우선인 것처럼 말이다. 그래야 이겼을 때 그 승리를 인정받게 되니까.

그 규칙이 옳다, 그르다고 판단할 겨를은 없다. 무조건 규칙을 알고 보는 것이 중요하니까. 그리고 그 규칙을 나를 위해 제대로 써먹는 방법을 생각해내야 한다. 이런 규칙을 잘 파악하면 그 집단이 추구하는 가치를 알 수 있게 되고, 그에 걸맞게 말과 행동을 하고 본인의 목표를 정할 수 있게 된다.

당신은 학창시절에 쌓은 자신의 스펙에 만족하는가? 그 스펙으로 지금 다니고 있는 회사에 입사했는가? 그렇다면 그건 그 회사도 당신의 스펙이 회사의 업무를 수행하는 데 문제없다고 판단한 것이리라. 이때 스펙은 서류전형 통과를 위한 기본사항인 셈이다. 이를 달리 말하면 그 이후에는 다른 규칙으로 사람들을 '측정'한다는 의미와 상통한다. 그렇다면 스펙 외에 또 어떤 것들이 직장생활의 과정과 결과를 좌우할지 알아보자.

나는 적잖게 이직을 거듭하며 사회생활을 이어왔다. 이직의 횟수가 사회생활의 성공과 실패를 가늠하는 기준일지 아닐지는 따로 언급해야 할 사안이리라. 그러나 일단 꽤 많은 부류의 사람들을 만나고 부대끼며 살아왔다는 점은 틀림없을 것이다.

사회생활을 시작하고 6년 정도 되었을 즈음 내가 속한 부서의 본부장이셨던 어떤 이사님이 떠오른다. 경력직으로 입사했지만, 이전의 경력을 제대로 인정받지 못하고 초라하게 회사생활을 시작한 분이다. 일단 의욕이 넘치는 노력파였던 건 분명하다. 하지만 회사에서의 입지가 약했던 탓에 이미 다져진 이너서클에는 들어갈 엄두도 내지 못하셨다고 한다. 어쩌면 그분도 이런저런 좌절을 겪으면서 살아왔을 것이다. 이런 상황임에도 그분은 해를 거듭하며 경쟁자들을 압도하는 실적을 올리게 된다. 같은 직급 동료의 시기와 질투가 없었던 것은 아니다. 하지만 그마저도 자신의 실력과 성과로 서서히 제압해나갔다.

그때쯤 내가 그분의 팀에 배치되었다. 그 후 나는 그분이 성공하게 된 이유와 비결을 실감하게 되었다. 스펙을 따지자면 그분은 맨 아래에서 세어 올라가는 것이 빠를 정도였다. 그 약점을 차치하더라도 그분이 자신의 업무를 대하는 태도는 누가 봐도 감탄할 만한 것이었다. 그분이 평소 부하직원들을 대하는 태도 또한 다른 사람들과 달랐다. 강압적이나 일방적으로 팀장과 팀원들이 목표를 달성하도록 이끌지 않았다. 일부러 고개를 들어 자리를 확인하지 않으면 있는지 없는지도 모르는 경우가 많았다.

하지만 그분의 책상 옆에 자리한 보조 의자에는 항상 사람들이 둘러앉아 서로 의견을 주고받고는 했다. 그렇게 최선의 과정을 거쳐 결과를 끌어내는 생산적인 협의를 했다. 더군다나 그분은 부하직원이 실수하더라도 크게 질책하지 않았다. 그 실수를 만회하고 상황을 다시 정상으로 되돌려놓으려는 노력을 중요시했다.

내가 사회생활을 하면서 가장 존경한 사람은 바로 이분이다. 사람을 비난하고 윽박지르지 않더라도 충분한 성과를 낼 수 있다는 훌륭한 사례를 셀 수 없이 보여주신 분이니까.

학벌을 포함한 '스펙'은 소개팅으로 비유하자면 '카카오톡의 프로필 사진'과 같다. 소개팅이 실제 첫 번째 만남으로 이어지려면 우선 그 프로필 사진이 상대방의 '서류전형'을 통과해야 한다. 만약 그러지 못하면 주선자에게 이런저런 핑계를 대며 만남을 회피하려 들 것이다.

그러니 서류전형을 통과한다면 일단은 그 회사가 설정해놓은 객관적인 요구사항은 어느 정도 충족한 것으로 받아들여도 좋다. 따라서 스펙에서 밀린다고 크게 낙담할 필요가 없다. 당신은 이미 그 중요한 면접전형의 인·적성 검사까지 통과하고 그 회사의 일원이 된 게 아니던가? 그렇다면 더더욱 회사가 원하는 인재임이 틀림없는 것이다.


그럼에도 불구하고 직장생활의 업무나 성과에서 차이가 드러나는 이유는 무엇일까? 바로 본인의 업무, 인간관계 등을 대하는 태도 때문일 것이다. 이는 면접으로도 파악해낼 수 없는 수많은 덕목이 있음을 방증한다. 그리고 그것들은 함께 일하고 생활하면서 드러나게 된다. 물론 당신도 생각과는 다른 그 회사의 내부사정, 분위기, 사람들 때문에 고민할지 모른다. 당신 주위의 상사나 동료들도 당신을 보며 마찬가지로 생각할지 모르고. 그들도 당신을 보면서 '아차' 싶은 순간이 있을 수 있다는 뜻이다.

그러므로 일단 입사하고 직장생활을 시작했으면 스펙 따위는 잊어버리자. 중요한 건 회사가 바라는 사람으로 자신을 새롭게 세팅하는 것이다. 자신의 학벌이나 스펙에 만족하지 못하더라도 새롭게 마인드셋 하고 하루하루를 충실하게 사는 것이 포인트다. 마라톤을 구간별로 끊어서 뛴다고 생각해보자. 그러면 두 번째, 세 번째 출발선에서도 얼마든지 새로운 기회를 찾을 수 있다. 인생이 마라톤인 건 맞지만, 언제든 새로 시작할 수 있다는 뜻이다.

사람마다 인생의 목표와 가치관이 천차만별이고, 인간관계를 대하는 태도도 다 다르다. 나 같은 경우 직장생활을 하면서 가급적 '좋은 게 좋은 것'이라 생각하며 사람들을 대해 왔다. 비록 영리를 추구하고, 금전적인 이익을 목적으로 모인 사람들이지만, '가족 같은 분위기'를 꿈꾸며 사람들을 대했던 적이 있었다. 그러다 그 경계선을 넘어서는 순간, 나만 제자리로 다시 돌아올 수 없는 상황에 빠졌던 적이 있었다. 감정이 앞서다 보니 어느새 경쟁 관계임을 잊어버렸던 탓이다.

입사하고 첫 번째 연말을 맞게 되었다. 사내에서는 인사고과 결과에 대한 소문이 돌았다. 20명 남짓 되는 입사동기들은 평소에는 우애 좋은 형제자매와 같았다. 하지만 막상 그 소문이 현실로 나타나자 분위기가 냉랭하게 급변했다. 회사는 '또 하나의 가족'이 아니었던 셈이다. 그도 그럴 것이 인사고과의 결과에 따라 아주 적은 금액 차이더라도 다음 해 연봉에 차등이 생겼기 때문이다. 서로 연봉이 얼마인지 알 수 없게 하는 것이 내규였지만, 어떻게든 다들 알게 되었다. 12개월로 나누면 정말 얼마 차이 안 나는 액수였지만 기분이 좋지는 않았다. 석차를 매겨 연봉을 줄 세운 꼴이었기 때문이었다.

나는 이때 깨닫게 되었다. 아직 학생 마인드에서 제대로 벗어나지 못한 나였지만, 회사는 엄연히 나의 생계를 보장받기 위한 전쟁터이자, 디폴트 개념으로 경쟁하는 조직이라는 것을. 회사도 이렇게 연봉에 차등을 둠으로써 직원들에게 경쟁의식과 동기를 부여하고자 했으리라 짐작한다.

함께 입사한 동기들이나 같은 부서의 사람들을 '공동체 의식을 가진 집단', '한배를 탄 동료'로 묘사하고는 한다. 그러나 실상은 개인플레이, 각자도생의 경쟁관계일 뿐이었다. 또한, 공동의 목표를 위해 서로 리드하고 조언해주는 건 맞았지만, 그 또한 다 '월급' 때문에 '필요해서' 그리한 것임을 알게 되었다.

회사도 다른 회사와 경쟁하며 자사 제품과 서비스를 판매해 매출을 올리는 조직일 뿐이다. 여기서 나는 경쟁의 순기능 같은 말은 하지 않으려고 한다. 다만 경쟁 자체에 무조건적 배척감, 회의감을 갖기보다는 돈을 걸고 싸우는 게임이라고 보는 것이 정신건강에 이로울 듯싶다. 경쟁이 없다면 발전도 없다. 다소 부드러운 표현으로 눙치자면 일종의 '페이스메이커'를 두었다는 마음으로 살자는 것이다.

시대를 막론하고 사람됨은 누구에게나 중요하다. 능력과 성과를 중시하는 직장생활임에도 능력이 같거나 조금 처져도 일정 수준을 넘어서면 그다음부터는 인성이 게임의 결과를 좌지우지한다. 사회생활을 하면서 온갖 싸움과 갈등만 일삼던 능력자가 결국 좋은 인사고과를 받지 못하고 쓸쓸히 퇴사하는 사례를 종종 봐왔다. 나가는 순간까지도 환송받지 못한 그 대리님은 어디에 가든 같은 결과를 맛보지 않을까 싶다.

내 인생에서 가장 큰 영향을 준 멘토가 해주신 말을 기억하는데, '모난 돌이 정 맞는다'라는 말을 나쁘게 생각하지 말라는 것이었다. 정을 맞아봐야 내 단점이나 잘못한 점을 알게 되기 때문이다. 또한 이를 바로잡을 기회를 얻을 수 있다. 이럼에도 사람 사이의 소통과 협업을 중시하는 회사는 누군가가 조금 뒤처지더라도 모난 돌 보다는 팀 플레이어를 원한다. 당신의 상사도 그러한 과정을 거쳐서 그 자리에 올랐을 것이다. 입사하고 나면 어차피 능력은 거기서 거기다. 결국은 팀 플레이어가 발전하고 성공하게 되어 있다.

사회생활 속에는 학생 시절과는 다른 유형의 규칙이 존재한다. 무조건 마음씨 좋은 사람을 원한다거나, 반대로 능력만을 최고의 가치로 여기지도 않는다. 스펙이 동기들, 동료들보다 월등하다고 해서 그 스펙만큼 좋은 평판을 받는 것도 아니다. 도무지 어떤 기준이 작동하는지 가늠할 수 없을 정도다. 하지만 사회에는 사람들이 오랜 세월을 거쳐 만들어 놓은 암묵적인 규칙들이 있다. 바로 회사의 구성원, 나아가 사회의 구성원으로 적합한지가 인물을 판단하는 기준이 되어왔다. 이는 어디서 갑자기 툭 튀어나온 생소한 개념은 아닐 것이다.

이제는 당신도 '그들'의 일부다. 무조건 냉소적으로 사람과 일을 대하기보다는 내 존재를 '그들' 속에 새겨넣을 준비를 하는 것이 최선이다. 목표가 있어야 목표를 이룰 수 있다. 그러기 위해서는 경쟁도 하고 어울리기도 하면서 주관적인 요소가 성패를 좌우하는 직장생활의 규칙을 몸으로 터득해야 할 것이다.

# 취업만 하면
# 다 해결될 줄 알았는데

어쩌면 우리는 결국은 회사에 들어가기 위해서 초·중·고등학교에다 대학교까지 다닌 것 같다. 공부를 더 하기 위해 석사과정을 밟는 사람들이나 고등학교를 졸업하고 바로 사회생활을 시작하는 사람들도 많다. 하지만 아무래도 한국에서는 '대학 졸업 후 취업'이라는 인생 과정을 겪는 비율이 가장 높은 것이 사실이다.

코로나19로 인해 전 세계 경제는 3년간 침체에 빠졌다가 이제야 일상을 회복하기 시작했다. 하지만 그 뒤에 바로 이어진 전쟁 등으로 인해, 여전히 사람들이 체감하는 경기는 그리 좋지 않다. 생계와 직결되는 일자리에 대한 사람들의 관심을 대변하듯, '청년실업률'이나 '기업의 하반기 채용계획'과 같은 뉴스가 잊을만하면 방송을 탄다. 이는 내 자식, 내 친구의 문제일 뿐 아니라 '학교공부가 곧 취업 준비'라는 한국의 현실을 적나라하게 보여주고 있다.

'걱정이 없는 게 걱정'이라는 요즘 시대라지만, 누구나 걱정거리 몇 가지쯤은 안고 인생을 살아가게 마련이다. 취준생에서 벗어난 것을 축하한다는 이메일이나 문자메시지를 받고 뛸 듯이 기뻐하던 때도 한순간이고, '이제는 걱정 없이 돈이나 벌자'라고 즐거워하던 때도 어느새 지나갔다. 그렇게 그 회사에 입사해 내 업무와 내가 속한 부서에 적응하느라 하루하루 싸우며 살아온 지 어언 몇 개월. 불과 얼마 전 축하를 받은 주인공인 당신은 여전히 걱정이 걱정을 낳는, 전혀 즐겁지 않은 나날을 보내고 있을 것이다.

첫 회사의 입사가 확정되고 나는 큰 꿈에 부풀었다. 합격 통보를 받고 입사하는 날까지 3주 정도 아무것도 안 해도 되는 기간이 있었다. 부담 없이 놀고 쉴 수 있는 이때가 내게는 너무나 행복했다. '지겨운 취업 준비, 공부, 이젠 안 해도 되겠구나'라고 생각하니 입가에 미소가 떠나질 않았다. 고작 한다는 것이 인터넷을 검색해서 양복 다리는 법, 넥타이 매는 법 정도나 배우는 정도였지만 말이다. 앞으로 바빠질 테니 친구들도 만나고 혼자 여행을 가보기도 했다. 지금 생각해보니 '이때 빚을 내서라도 해외 여행을 좀 다녀올걸' 하고 후회도 된다. 그 뒤로는 해외 출장 이외에 개인적인 여행을 가보지 못했으니까.

입사 후에 보니 그나마 버는 돈을 쓸 시간조차 없었다. 진정한 자기계발 공부를 하겠다는 내 초심 또한 온데간데없었다. 회사가 나에게 돈을 주는 이유는 그 몇 배, 몇십 배에 달하는 성과를 만들어내라는 의미였다. 이제는 내가 아닌 '아무개 사원'으로 인생을 살게 된 것이다. 회사생활을 헤쳐나가느라 주니어사원의 일상은 100% 회사 중심이 되었고, 나 자신을 돌아볼 틈도 없이 시간은 훌쩍 지나갔다. 워라밸(Work-life Balance), 워라블(Work-Life Blending)을 중시하는 요즘의 트렌드 속에서도 나와 비슷한 삶을 살아가는 사람들이 많을 것이다.

20여 년이 지난 지금 돌아보니 많이 후회된다. 취업했다는 데 취해 너무 정신을 놓고 살았던 것 같다. 그렇다고 재미있게 놀러 다녔다거나 즐겁게 취미생활을 했던 것도 아니다. 회사생활에 기울이는 노력만큼 주말이나 여가에는 나 자신에게 집중했어야 했다. 자기계발은 시간과 장소를 가리지 않아야 하니까. 그때 해본 적 없는 취미를 시작했더라면, 지금쯤은 그 분야의 전문가가 되어 있을 수도 있으리라.

여기서 여러분에게 사진을 공부하든 그림을 배우든 자신이 해본 적 없는 취미를 시작해볼 것을 강력하게 권한다. 훗날 그 취미가 당신에게 제2의 인생을 열어줄지 누가 아는가?

나는 대학 생활을 조금 길게 한 편이다. 전공과 다른 공부를 해보고 싶어서, 그리고 등록금을 벌기 위해 몇 번 휴학했기 때문이다. 입학하고 졸업(2002년 2월)하기까지 8년이 걸렸으니 대학에 적을 두었던 기간이 길긴 길었다. 학교에 다니면서도 늘 돈 걱정을 하면서 살았는데, 직장인이 되었다고 갑자기 그 걱정이 없어지지는 않았다. 특히 늦게 사회생활을 시작한 만큼 결혼에 대한 압박감도 빨리 크게 느껴야 했다. 그런데 문제는 또 돈이었다.

집으로부터의 지원은 기대할 수도 없었다. 그렇다고 이제 갓 사회생활을 시작한 사람이 무슨 돈이 있어 집을 마련하고 결혼비용을 준비하겠는가? 지금도 그렇지만 그 당시에도 금전적인 문제로 결혼을 못 하거나 늦게 하는 사람들이 있었다. 지금은 더 많은 것으로 안다. '당시에는 집값이 지금보다는 저렴하지 않았나?'라고 하는 사람도 있을 것이다. 그렇지만 없는 사람에게는 그마저도 없었다.

요즘은 결혼을 바라보는 시각이 많이 변한 것 같다. 당시는 30세 전후에 결혼하는 것이 암묵적으로 받아들여졌지만. 물론 나는 30대 중반을 훌쩍 넘기고야 결혼했지만 말이다. 거기에는 금전적인 이유 외에도 다른 이유가 있었다. 29세에 회사 해외 주재원으로 나가 30대 중반이 되어서야 한국에 돌아왔기 때문이다. 연차가 쌓이면서 약간의 돈을 모으긴 했지만, 그것으로는 결혼자금을 하기에는 많이 부족했다. 그러나 지금의 아내를 만나면서 '돈이 없어도 꼭 결혼해야지' 싶었다.

회사 일만으로도 머리가 복잡한데 결혼 걱정, 돈 걱정, 개인적인 고민과 문제들은 끝없이 늘어만 갔다. '이 고비만 넘기면 인생이 좀 나아질 거야'라는 생각은 나만의 착각이었다. 회사에서 걱정해봤자 쓸데없는 일이기도 했다. 그래서 출근해서 퇴근할 때까지 내 고민에 대한 신경은 끄고 일에만 집중했다. 걱정한들 내가 해결할 수 있는 문제가 아니었기 때문이다.

많이들 알고 있겠지만, 우리의 걱정 중에는 할 필요가 없는 걱정들이 대부분이다. 한때 모 보험회사 TV 광고에서 '걱정인형'을 다룬 적이 있다. 그 광고의 카피는 '걱정은 우리가 대신할게요. 여러분은 행복하기만 하세요'였는데 꽤 인상 깊었다.

만약 걱정인형을 실제에 적용한다면 먼저 내 걱정이 무엇인지 명확히 파악해봐야 할 것이다. 걱정의 실체를 분명히 알아야 해결하든, 피해가든 할 것이기 때문이다. 우리는 보통 막연하거나 모르는 것들을 필요 이상으로 두려워한다. 길모퉁이를 돌아가면 어떤 것이 있는지, 얼마나 색다른지는 돌아가봐야 알 일이다. 걱정인형의 목적은 작고 귀여운 인형에 나의 큰 걱정을 가두어두는 것이다. 그러면서 그 걱정을 과대평가하지 않고 '이겨낼 만한 것'으로 구체화하는 것이다.

그렇다고 굳이 번거롭게 인형에 내 걱정을 하나씩, 하나씩 대입해볼 필요가 있을까? 대신 '걱정노트'를 만들어보는 건 어떨까? 예를 들면, '○○를 사고 싶은데 돈이 없어서 걱정이야. 가격이 '얼마'인데 그 돈이 지금은 없네'라고 노트에 써보는 것이다. 그리고 얼마 후 다시 노트를 펼치고는 어떻게 하면 걱정을 해결할 수 있을지 생각해보는 것이다. 이어서 그 생각 속 해결 방법을 적어보는 것이다. 다소 허황한 내용이어도 좋다. 생각과 상상이 화학작용을 일으켜 구체적인 해결 방안이 갑자기 떠오를 수 있기 때문이다. 그렇게 고민에 고민을 거듭하다 보면 길이 보이는 법이다.


취업만 하면 다 해결될 줄 알았다. 하지만 인생이란 것이 어떤 새로운 단계에 접어들면 그에 걸맞은 걱정과 근심이 새로 생겨난다. '어서 와, ○

○는 처음이지?'라는 어구는 이제 농담처럼 쓰이지만, 사실 이것만큼 인생의 단계별 고민을 대변해주는 말도 없다. 현대 한국인의 평균수명으로 치자면 나는 이제 겨우 인생의 3분의 1 정도를 지나온 셈이다. 차라리 어린 시절, 학창 시절로 돌아갔으면 하는가? 돌이켜보면 그때도 걱정은 꽤 있었다. 지나온 시절이니 그 걱정이 아무것도 아닌 것처럼 보일 뿐이다. 이른바 추억보정 때문이리라.

다만 내가 당신에게 바라고 제안하고 싶은 건 현실에 집중하라는 것이다. 어쩌면 사회생활에 빠르게 적응하는 것, 내가 배워야 할 업무에 집중하는 것이 사소한 걱정을 줄이는 길일지도 모른다. 지금 내가 하는 일, 하고 싶은 일에 몰입하며 큰 걱정들만 추려보자. 그것들을 걱정 노트에 옮겨 적고 장단기 계획을 통해 해결방안을 고민해보는 것이다. 그리고 휴대전화의 '루틴 기능'을 설정하듯, 장소를 구분해 회사에서는 회사 걱정만, 집에서는 내 걱정만 하는 것이다. 그러면 회사 걱정은 내 업무가 발전하는 지름길이 될 것이고, 집에서 하는 걱정은 내 미래에 대한 설계로 진화할 것이다.

지금 당장은 나의 생계를 위해서뿐만 아니라 나의 미래를 위한 커리어를 쌓는다는 의미에서 신입사원 시절의 중요성은 아무리 강조해도 지나치지 않다. 걱정과 고민도 그처럼 부디 생산적인 방향으로 이끌어가길 바란다. 이 생산적인 고민이 빠르게 주도적인 업무 진행, 중요한 단계의 합리적인 판단을 이끌리라 확신한다. 같은 업무를 하더라도 창의적인 고민을 했는지, 그 여부의 경험치가 쌓여 결과적으로 레벨의 차이가 나타

난다. 이는 같은 길을 함께 가더라도 운전대를 잡은 사람과 뒷자리에 앉아서 간 사람이 그 길을 기억하는 정도의 차이와 같다.

## 2장

# 회사가 당신을
# 선택한 이유

# 앞서가려면 남들보다
# 조금 더 고민해야 한다

우여곡절 끝에 입사한 회사, 적응도 어려운 판에 무슨 앞서갈 궁리인가 의문일 수도 있겠다. 취업하고 난 후 하루하루가 도전과 응전의 연속인데 지치지 않았다면 오히려 이상하다. 하지만 결국 내 생계를 책임지고 나아가 내 미래를 설계해가는 사회초년생 시기다. 스펙과 학벌을 뛰어넘을 수 있는 절호의 기회이기도 하다. 또한 지금까지 살아오면서 모르고 있던 당신만의 잠재력을 찾을 수도 있다. 그냥 흘러가도록 내버려두지 말자.

공채 신입사원으로 입사한 첫 직장은 내부 교육과정을 훌륭한 시스템으로 운영하고 있었다. 과목 수나 이수 시간도 많이 필요했고, 매번 테스트하면서 직원들을 관리했다. 시험 결과가 나올 때마다 득점과 석차를 게시판에 올렸으니 압박은 적지 않았다. 잘 보면 소속 팀의 영광이요, 못 보면 팀의 부끄러움이었다. 열심히 할 수밖에 없는 상황을 일부러 만든 듯했다.

당시 과목별 강사는 임원급이나 팀장급 베테랑들이 맡았다. 그분들의 이론교육과 오랜 경력에서 나오는 실제 사례들은 딱딱한 강의를 넘어서는 흥미로운 스토리텔링(Storytelling)에 가까웠다. 더군다나 해당 업계에 어느 정도 관심을 가지고 입사한 직원들이 다수였기 때문에 수강생들의 열의도 높았다.

나는 잘하고 싶었다. 소속된 팀이나 업무에 빨리 적응하고 핵심을 파악하는 것도 중요했지만 신입사원 교육에서 한마디로 튀고 싶었다. 학생 신분을 벗어나서 그리 좋아했는데 또 배우는 위치가 되니 승부욕이 타올랐다. 이 교육과정의 결과가 나에 대한 이미지를 좌우할 것이고, 실제 업무에 직결되는 내용으로 구성되어 있었기 때문에 잘해서 나쁠 것이 없었다. 이때 내가 결심한 것이 무엇이었을까? '나도 나중에 이 과목의 강사가 될 것이다'였다.

수업 내용을 내 나름대로 정리하고 필요한 해외 원서를 미국 아마존에 주문해서 읽었다. 결코 싸지 않은 책값이었지만 '이거야말로 나를 위한 투자 아닌가?'라고 생각했다. 그리고 내가 막상 강의한다면 어떻게 해야 할지 '강의 초안'을 만들어두었다. 사실 너무 귀찮기는 했다. '일도 바쁜데, 주말에는 피곤한데, 놀 때는 놀고 싶은데'라고 하면서 포기하고 싶은 순간이 한두 번이 아니었다. 하지만 그래도 했다. 그리고 나는 4년 후 업무를 하는 데 있어 핵심이 되는 두 과목의 사내강사가 되었다. 내심 자랑스럽고 영광스러웠다. 그리고 신입 후배직원들을 가르치면서 나 또한 더 배우게 됐다.

요즘은 바둑이나 장기를 두는 사람들이 많이 줄어든 것 같다. 그도 그럴 것이 이제는 놀 거리, 볼 거리가 옛날과 비교할 수 없을 만큼 많아졌기 때문이리라. 어쩌면 수천 년을 이어온 바둑이라는 취미는 이제 e-스포츠(e-Sports, Electronic Sports)가 대신해주고 있을지도 모른다. 요즘 상황이 이렇더라도 '한 수 앞, 두 수 앞을 미리 본다'라는 말은 종종 들어봤을 것이다. 바둑의 인기는 사라지고 있더라도 오랜 시간 동안 우리에게 미친 영향이 우리의 말 속에는 아직 살아 있기 때문이다. 두뇌가 명석한 사람들만 몇 수 앞을 미리 볼 수 있는 것일까? 아니다. 어떤 일에 대한 생산적인 고민은 앞으로 일어날 상황을 미리 어느 정도는 알 수 있게 해준다.

명확한 지시나 가이드라인을 주지 않고 단문형으로 업무를 주는 상사가 있었다. 일단 내가 충분하게 이해할 수 없었기 때문에 잠깐 멍하게 앉아만 있었다. 나는 '이러면 안 되겠는데?'라고 생각하고 우선 내가 이해한 부분을 상사에게 말하면서 맞는지 물었다. 최대한 상냥하고 정중하게, 약간의 '자본주의 미소'를 더해 물었다. 이내 짜증 섞인 대답이 돌아오긴 했지만, 어느 정도는 가닥이 잡히는 듯했다. 아주 간단한 보고서를 작성하는 것이었기에 금세 그 끝을 보는 듯했다. 하지만 이게 끝나고 나는 후나에게 어떤 지시가 떨어질지 잠시 고민해봤다. 남의 지시만 받고 일하는 것보다는 능동적으로 일을 만들어나가는 것이 훨씬 큰 동기부여를 주기 때문에.

간혹 어떤 상사는 보고할 때마다 새로운 내용을 조금씩 추가하는 경우가 있다. 도무지 일이 끝나지 않는 느낌이다. '어, 잠깐만. 그럼 이번에는 이걸 한번 추가해보자'라면서 자꾸만 군더더기가 붙는다. 애초에 한 업무를 시작할 때 대략적인 윤곽(Outline)을 좀 만들어놓으면 좋으련만. 이 놈의 '어, 잠깐만'이란 말을 들을 때마다 나도 모르게 나지막한 탄식이 흘러나왔다. 어쩌면 그 상사는 전체적인 일의 취지나 흐름을 생각할 능력이 되지 않아 그럴 수도 있다. 그렇더라도 당신까지 똑같이 하면 그 팀의 존속은 쉽지 않을 것이다. 정신 차리고 고민을 해야 할 타이밍이 왔다.

일단 예상되는 추가 지시사항들을 머릿속에 떠올려봤다. 어떤 일을 자발적으로 해나간다는 것이 첫 번째 의미였지만, 솔직하게 말하자면 예상치 못한 지시를 받을 때 받게 될 당혹스러움이나 좌절감을 조금이라도 줄일 수 있었기 때문이다. '그래 이 말 할 줄 알았어'라고 생각하니 마음속에서는 알 수 없는 희열도 피어나고 있었다.

한 걸음 더 나아가 중간보고를 마쳐가는 시점에 '그럼 다음에는 이러저러한 내용에 대해 알아보겠습니다'라고 방향을 제시했다. 그랬더니 상사의 칭찬이 이어졌다. 마치 본인도 그렇게 생각하고 있었다는 것처럼. 이때의 느낌, 나쁘지 않았다. 그 업무나 보고의 주도권을 내가 가지게 됐다는 생각이 들었다. 원래 사람의 마음이란 자기가 하려고 했던 것을 남이 시키게 되면 갑자기 하기 싫어지는 법이리라. 그런데 이렇게 일을 진행하게 되니 억지로 하던 일이 내가 하고 싶어 하는 일이 되었다. 내가 주도하는 일은 나에게 더 많은 경험과 깨달음을 선사해주는 마법이 펼쳐졌다.

사람들과의 관계에서도 고민은 필요하다. 물론 이 고민도 더 나아지려는 고민이다. 혈연관계나 자연스레 맺어진 인간관계와는 달리 사회생활, 직장생활에서는 관계도 인위적인 손길이 필요하다. 그렇다고 '위선'이나 '가식'을 말하는 것이 아니다. 당신에 대한 주위 사람들의 평판을 좋게 만들려는 노력이 결국은 본인의 심리적인 상태까지 좋게 만들기 때문이다. 또한 좋은 관계는 당신을 '팀 플레이어'로 만들어준다. 팀 플레이어는 어디를 가든, 누구를 만나든 환영받는다.

일단 여기는 회사라는 것을 잊지 말자. 이른바 친목을 도모하기 위한 놀이터는 아닌 것이다. 다만 내가 회사에서 성과를 올리고 나의 가치를 증명하기 위한 관계개선은 필수다. 지금 당신이 사회초년생 또는 새로 이직한 지 얼마 되지 않은 경력직 직원이라면 회사에 관한 모든 것에 적응하는 시기일 것이다. 주위 선배, 상사로부터 아주 사소한 것까지 지시를 듣고 조언을 들으며 일할 수밖에 없다. 이때 그 사람들에게 확실하게 감사의 뜻을 표하자. 혼잣말하듯 그럴 게 아니라 도움을 준 상대방이 명확히 들을 수 있도록 말이다. 이게 의외로 중요하다. 사람은 누군가에게 인정받고 싶은 욕구가 있다. 내가 한 언행이 누군가의 도움이 되었다는 생각이 들면 그 흐뭇한 마음이 다시 내게 돌아온다.

댄 설리번(Dan Sullivan)과 벤저민 하디(Benjamin Hardy)가 쓴 《누구와 함께 일할 것인가》에는 감사하는 마음가짐이 사람에게 어떠한 도움을 주는지 잘 알려준다.

'감사하는 태도는 흥미로운 사람들을 당신 삶에 끌어들일 일이기도 하다. 감사는 풍요를 끌어들이고 창조하기 때문이다'라고 강조하면서 신체적, 심리적, 사회적 이점에 대해 주장한다. 즉, 감사하는 마음은 상대방뿐만 아니라 나 자신을 꽤 여러 방면에서 긍정적인 방향으로 변화시킨다는 것이다. 그리고 그 변화가 쌓여 사람들 속의 나의 가치를 끌어 올려줄 것이다.

고민이라는 단어는 다소 부정적으로 느껴진다. '이게 고민이다'라고 말할 때의 고민과 '이건 조금 고민해봐야 하지 않을까?'의 고민은 어감이 다르다. 이른바 직장생활을 위한 '생산적인 고민'을 해야 할 때인 것이다. 하지만 생산적인 고민을 하자면 우선 내가 무엇을 해야 하고 무엇을 하지 말아야 하는지 분명히 구별해놓아야 한다. 그리고 해야 하는 것을 명확히 했다면 그 일을 이루기 위한 '하위 항목'을 정리해보자. 그 하위 항목들을 하나씩 쪼개어 채워나가고, 더 나은 결과를 내기 위해 고민하는 것이 중요하다.

높은 산에 올라갈 때 산 입구에서 정상을 바라보면 겁이 나기도 한다. 어떤 산들은 아예 보이지도 않는다. '저렇게 높은 걸 언제 다 올라가나'라는 생각이 든다. 이럴 때는 작은 구간으로 여러 개 나누어진 지도를 보면서 한 구간씩 정복해나가자. 한 골짜기에서 다음 골짜기로 목표를 정하

면 어느새 정상에 올라가 있을 것이다. 요즘 말대로 중요한 건 꺾이지 않

는 마음가짐뿐이다.

# 다양한 경험이
# 위기의 순간에 기회가 된다

회사에서 혹시 '짬바', 즉 짬에서 나오는 바이브를 가진 상사나 선배들을 본 적이 있는가? 그들의 여유로운 말투와 행동을 눈여겨본 적이 있는가? 옆에서 그 사람들이 어떻게 일을 처리하고 문제를 해결하는지 지켜볼 수만 있다면 당신은 참으로 운이 좋은 사람이다. 일의 숙련도를 중시하는 업계든, 순간의 판단력을 높이 사는 업계든 그들이 가진 경험과 사례는 정말 돈을 주더라도 내 것으로 만들고 싶어질 정도다. 당신이 은퇴할 때까지 줄곧 한 업계에만 있을지는 중요치 않다. 업계와 직무를 초월한 그들의 발자취와 지혜로움은 인간 공통의 문제를 풀기 위한 힌트를 주기 때문이다.

나는 신입사원, 주니어사원 시절에 유난히 사건, 사고가 많은 팀에 있었다. 대형 클레임이 터지는 바람에 팀장님부터 나까지 주르륵 며칠인지도 모르게 늦게까지 회사에 남아 있었다. 문제를 해결하려고 머리카락을 한 움큼씩 쥐어뜯기도 했다. 임원들은 약속이나 한 듯 돌아가며 우리 팀에 오셔서 상황을 묻고, 질책도 하고 지시도 내리고 그랬다. 다른 임원이 올 때마다 자리에서 벌떡 일어나야 하는 심적 부담감은 덤이었다. 더군다나 먼저 퇴근하는 다른 팀의 입사동기들은 나와 눈이 마주치면, 연민 가득한 표정을 지으며 나지막이 '수고해…' 하면서 걸어 나갔다.

'같은 돈 받고 일하는데 왜 나만 이럴까?' 하는 못난 푸념도 많이 했다. 차라리 내가 뭔가를 해서 지금의 문제를 깔끔하게 해결할 수 있다면 좋겠다는 생각도 하면서. 나는 사고가 터진 직후 줄곧 일이 전개되는 스토리를 나만의 방식으로 기록했다. 물론 아까 말한 임원들의 지시사항들도 같이 적었다. 오랫동안 일해 온 그들만의 경험과 노하우가 그 지시사항 속에 담겨 있을 것이라고 확신했기 때문이다.

아주 오래전 일이지만 나는 군대에서 '작전병'이라는 보직에 있었다. 한마디로 그 부대의 작전과 관련된 행정사무 보조라고 생각하면 쉽다. 무장공비가 침투했거나, 탈영사건이 있어 상부에 대한 '상황보고'가 필요할 때, 군대에서는 '상황일지'를 작성한다. 쉽게 말하면 날짜와 시간을 적고 그때 무슨 일이 일어났고, 누가 무슨 중요한 말을 했는지를 기록하는 것이다.

나는 이걸 회사에서 사고가 났을 때도 썼다. 당시 '나는 어차피 클레임이나 사고는 결과가 어떻든 끝나긴 할 거야'라고 생각했고, 나중에 비슷한 일이 또 생겼을 때는 쫄지 말고 능숙하게 대응해야겠다고 생각했기 때문이다. 그리고 중요한 점 하나. 우리 팀, 그리고 나는 어떤 실책을 범했는지도 적었다. 누군가를 탓하기 위해서가 아닌, 그 실책이 어떤 결과를 낳았고 그 결과는 지금 어떤 영향을 주고 있는지 복기해야 하는 이유에서였다.

유난히 사건, 사고가 잦았던 나의 주니어사원 시절의 경험은 후일 직장생활을 하면서 큰 도움을 주었다. "역사는 되풀이된다"라는 말이 있지 않은가? 사람과 사람이 하는 일들이란 항상 비슷한 일들이 다시 일어나기 마련이다. 이런 경험들이 남다른 상황 판단력을 갖도록 해줬다. 또한 같은 시련을 겪더라도 중심만큼은 흔들리지 않는 회복탄력성을 터득하도록 만들어줬다. 당장 확실한 해결책을 떠올릴 수는 없더라도 방법을 찾으려는 생각의 길을 터주는 역할을 한 것이다. 신입사원 때는 아직 아니라고 쳐도, 직장생활 10년, 20년을 한 사람이라면 문제를 해결하고 함께 일하는 직원들에게 적절하고 명확한 지시를 할 수 있어야 한다. 이때 내가 유일하게 의지할 수 있는 건 '나의 경험'이다. 이 경험들을 통해 나는 업무적인 그리고 개인적인 기회를 어렵지 않게 찾을 수 있었다. "그때, 그 사고 났던 팀이 어디지? 누가 그 사고를 맡았었지?" 하면서 내 경험을 듣고자 하는 사람들이 있었으니까.

나는 해외 영업을 주로 해왔다. 즉, '돈을 버는 일'에 온 신경이 집중된 사람으로 살았다. 하지만 내가 해온 일은 반드시 이 일만 있는 것은 아니다. 내가 몸담아 왔던 회사들의 규모를 떠나, 내 본연의 업무가 아닌 다른 일들을 맡았던 적이 간혹 있었다. 특히 회사는 내부사정이 좋지 않거나 대외적인 경제 상황이 급변할 경우 '일단 이 위기를 넘어야 한다'는 생각을 하게 된다. 그래서 일시적으로 직원들을 적재적소에 다시 배치하고 현재 상황을 벗어나 최대한의 결과를 끌어내기를 원한다.

2008년 가을로 접어드는 시점, 미국 투자은행인 '리먼 브러더스'가 파산신청을 하면서 전 세계적인 금융위기가 들이닥쳤다. 당시 회사는 크고 작은 금액의 매출채권을 전 세계 수십 개 회사를 상대로 갖고 있었다. 그 채권들을 제대로 회수해야 우리도 살아남을 수 있었는데, 문제는 날이 갈수록 문 닫는 회사들이 늘고 있었다는 것이었다. 넋을 놓고 있었다가는 정말로 '코를 베이게 된 상황'. 이런 급박한 상황에도 정확한 채권금액(서로 상계하는 건들이 많아 무척이나 복잡하긴 했다)이나 회수계획은 정리되지 않은 채 다들 발만 동동 구르고 있었다.

보통 이럴 때 회사들이 즐겨 사용하는 것이 '비상경영체제'다. 직원들 처지에서는 정말 듣기 싫은 말이다. 어떤 회사는 매출이 매년 큰 폭으로 성장했는데 내년에는 성장 폭이 조금 줄어들 것 같다고 예측했단다. '그래서 지금부터 비상경영이다'라고 공표했다고 한다. 당시 회사도 그렇게 어려운 사정이 아니었지만 어쨌든 비상경영체제에 들어갔다.

그 와중에 어느 한 임원의 지시로 어설픈 기획 업무를 맡게 되었다. 전 영업부에서의 채권, 채무액을 취합하고 해당 팀장들과 회수, 변제 또는 상계 방안을 수립하는 것이었다. '이걸 나보고 하라고?' 처음에는 조금 당황스럽고, 어이없었다. 요즘 말하는 "제가요? 이걸요? 왜요?"라고 하는 시절은 아니기도 했고 딱히 할 수 없는 일은 아니라고 생각하진 않았다. 그래서 그냥 한다고 했다. 결과적으로 나는 거의 1년을 내 업무와 함께 이 일까지 맡았다. 한 번도 해보지 않은 일, 그래서 조금은 두려운 일이었지만, 말 그대로, 그냥 했다. 그렇다고 이 업무가 내 경력, 인생에 그다지 큰 도움이 될 것 같지는 않았다. 하지만 묵묵히 했다.

각 부서의 팀장들을 만나고 상황을 묻고 숫자들을 취합하는, 어찌 보면, 어렵고 복잡한 일은 아니었다. 이 일을 하면서 느꼈다. 사람들은 의외로 숫자에 약하다는 점, 그리고 위기의 순간에는 평소의 명석함이 다소 퇴색한다는 것이었다. 그래서 사실과는 조금 거리가 있지만, 내가 맡은 일이 크게 부각되고는 했다. 이때 나는 사람들의 위기 대처법과 마음가짐을 관찰할 좋은 기회를 얻었다. 그들의 노하우와 의견을 귀 기울여 들으면서 각 팀장의 장점을 엿볼 수 있었다. 또한 누구에게든 배울 점은 있다는 것을 깨달았다. 특히나 상사들은 괜히 그 자리에 있는 것이 아니라는 점이다.

간접적으로나마 그들의 경험과 판단을 따라가면서 내 경험의 일부로 만들 좋은 기회였다. 위기의 순간에 자기 능력을 얼마만큼 펼칠 수 있는지가 그 사람의 진짜 능력이라는 것도 배웠다. 1년 남짓한 기간에 내가 속한 팀뿐만 아니라 다른 여러 부서의 위기와 문제점을 경험하는 만큼 훌륭한 교과서가 있을까. 이때 나는 이미 가까운 미래에 한 팀을 감당할 수 있는 역량과 자세를 갖췄다고 자화자찬하고 있었다. 그리고 얼마 되지 않아 팀장이 되었다. 기회가 내 생각보다는 빨리 찾아오게 된 것이다.

가끔 패스트푸드점에 가면 앳된 얼굴의 아르바이트 직원들을 보게 된다. 친절한 표정을 능숙하게 짓는 직원도 있고 어색함과 당황스러움이 섞인 표정을 보이는 직원도 있다. 어쨌든 다들 기특해보인다. 나쁜 생각을 하고 쉽게 돈을 벌 수 있는 일들이 많아진 요즘이다. 그런 유혹을 떨쳐내고, 종일 선 채로 사람들을 응대하는 것이 쉽지는 않을 터. 젊은 나이에 여러 가지 세상 경험을 하는 건 반드시 돈 때문만은 아니리라. 작은 경험들이 후일 어떤 순간에 번쩍하고 떠올라 기발한 아이디어가 되기도 하고, 훌륭한 해결책의 단서가 될 것이니까.

회사에서도 마찬가지다. 내 직접적인 업무와 큰 연관이 없더라도 기회가 있다면 시도해보는 것을 추천한다. 사실 '시도'라는 말은 회사에서는 쉽게 내뱉기 어려운 말이다. 회사에 있는 시간 동안은 회사로부터 돈을 받고 일하는 것이기 때문에. 돈 받고 일하면서 잘하는 것이 아닌, 잘 못하는 것을 시도한다는 것이 계산에 맞지 않는다는 것이다. 그래도 회사가 당신이 하기를 원한다면 기왕에 적극적으로 해보자. 인생이라는 것이 길고, 굴곡도 있어서 내가 예상한 대로 가지 않는다. 10년 뒤, 20년 뒤 내가 어떤 일을 하면서 살지도 예상이 잘 안 될 수도 있다. 하지만 지금의 경험이 나중에 어떻게 나에게 도움을 주는지 모르니 일단 도전하고 배우자. '나'라는 '도서관'에 전혀 다른 장르의 책이 한 권, 두 권 더 생기는 것이 좋은 일 아닐까?

# 직장생활에도
# 부캐가 있어야 한다

　요즘에는 '부캐'라는 것이 연예인이나 유튜브 크리에이터에게만 있는 건 아닌 것 같다. 직장인들도 부캐를 가지고 퇴근 후 전혀 다른 모습으로 부수입을 올리거나 취미생활을 하고 있으니 말이다. 또는 한 회사의 팀장으로서 부캐를 가지고 각각의 팀원들의 성향, 장단점에 맞춰 팀원들을 이끌어가기도 한다. 사회초년생, 주니어사원인 당신도 예외는 아닐 것이다. 직장생활에 있어 부캐를 두고 사람과 상황에 맞게 대처한다면 한결 수월하게 헤쳐나갈 수 있다.

　나는 기본적인 천성이 친절함, 상냥함과는 거리가 멀다. 다만 가까운 사람들에게는 그래도 좀 부드럽게 대할 줄 안다. 어쩌면 단지 '조금 무뚝뚝한 한국사람'의 전형일 수도 있겠다. 첫 직장에 들어가고 보니 다시 또 막내가 되었다. 여기서 막내란 나이를 의미하는 것은 아니고, 입사순서가 가장 늦는 것을 뜻한다. 타고난 성격상 엘리베이터에서 사람들에게 인사를 하거나 다른 부서에 협조를 요청할 때마다 사실 굉장히 어색하고 힘들었다. 하지만 그렇다고 하지 않을 수는 없으니, 마음속으로는 큰마음을 먹고 인사를 하거나 이야기를 나눠야 했다. 당시 팀장님은 이런 내 성격을 어떻게 아셨는지, 일종의 심부름이자 교육 목적으로 다른 부서에 나를 자주 보내고는 했었다.

한 가지라도 더 배우고 더 빨리 회사생활에 적응하기 위해, 나는 항상 '질문다운 질문'을 미리 준비하려 노력했고, 듣는 사람의 인정욕구를 충족시키려 궁리했다. 이래야 최대한 정확하고 훌륭한 답변을 들을 수 있었다. 다시 말하면, '친절하게 묻고 상냥한 태도로 듣는 것'이었다. 상사나 선배들이 느끼는 '나의 태도'란 단순히 말투와 인사성으로 끝나지 않는다. 그래도 뭔가 물어보러 왔다면 그 질문에 대한 사전정보, 지식은 어느 정도 가지고 있어야 좋은 질문을 할 수 있기 때문이다. '개념 없다'라는 평을 듣지 않는 것만 하더라도 최소 중간은 갈 수 있을 것이다. 그렇기에 나는 당신이 친절하고 상냥한 부캐를 활용해서 누군가에게는 '좋은 직원, 좋은 사람'이 되기를 바란다.

이제 막 막내를 벗어난 또 다른 당신의 요즘 심정은 어떨까 궁금하다. 이른바 '본전 생각'이 나는가? 아니면 나는 어렵사리 적응했지만 내 팀 후배는 어려움이 없도록 해주겠다고 결심했는가? 앞으로 당신은 팀장이 되고 임원이 될 수도 있는 사람이다. 물론 그럴 생각 없다고 할 수 있겠지만. 그래도 직장생활의 끝이 언제일지 몰라도, 그 여정을 걸어가는 동안에는 행복하고 보람이 있어야 하지 않을까? 내 후배가 단 한 명이더라도 당신은 그 사람에게 좋은 선배, 워너비 멘토가 될 수 있다. 당신의 노력 여하에 따라 머지않은 미래의 팀장이 될 연습을 지금 할 수 있는 것이다. 그리고 이를 통해 당신도 배우는 것이 많을 것으로 믿는다.

신입사원으로 입사한 후 8개월 정도 흘렀다. 내가 소속한 팀에도 겨우 한 명이지만 다음 기수 공채 후배가 들어오게 됐다. 나는 덜컥 겁부터 났다. '8개월 동안 내가 뭘 했지? 어떤 발전이 있었지?' 아니면 '후배직원에게 과연 어떤 도움을 줄 수 있을까?' 생각하면서…. 더군다나 우리 팀에 배속된 그 후배직원은 이른바 '중고 신입'이었다. 어느 대형은행 취업에 성공해서 4개월 정도 다니다 '적성의 문제'로 그만뒀다고 한다. 그리고 다시 구직활동을 하고 전혀 다른 업계로 들어온 것이란다. 능력, 스펙 모두 나를 압도했던 사람으로 기억한다. 솔직하게 말하겠다. 약간 위축되기도 했고 자신감도 조금 떨어지게 됐다.

하지만 나도 선배였으니 뭔가 해야 했다. 우선 내가 8개월을 지내오면서 어떤 애로사항이 있었는지 생각해봤다. 처음에는 회사 층별 배치, 탕비실, 비품실 등의 위치도 익숙지 않다. 이런 판에, 간혹 상사들이 어떤 일을 지시할 때 보면 너무나도 간단하게 거두절미하고 말하는 경우가 있었다. 하다못해 '비품실에 가서 A4 용지를 새로 가져온 후 이걸 5부 복사해라'라고 한다면? '비품실이 어딘지도 모르는데…'라는 생각부터 들기도 했다. 이런 사소한 것들부터, 업무 적응을 위해 무엇을 먼저 보고 공부해야 하는지도 모른다. 또한 회사 교육과정이 시작되기 전 어떤 준비를 해야 하는지 등에 대해서도 알 수 없다. 나는 이러한 애로사항들(Pain Points)을 미리 해결해주고 싶었다. '바쁘고 정신없으니 그냥 내가 해버리자'라고 생각하면 결국은 나나 그 후배 모두에게 손해였기 때문이다.

'훌륭한 멘토? 사실 거기서 거기인 신입, 주니어사원들이 무슨 멘토?'라고 할 수 있을까? 하지만 내 인생의 멘토께서 해주신 말이 또 있다. "초보도 왕초보를 가르칠 수 있다"라는 것이다. 초보는 왕초보가 초기의 시행착오를 많이 줄일 수 있도록 도울 수 있다. 이것만으로도 의미가 있다고 본다. 또한 당신에게는 멘토라는 부캐도 좋은 인생경험이자 경력이 될 것이다. 많이 해본 사람은 더 훌륭한 멘토가 될 수 있기 때문이리라. 그러면서 당신도 많은 것을 배울 수 있다. 길을 안내해주면 그 길을 더 잘 알 수 있는 것과 같은 이치다.


직장생활을 끈기 있게 그리고 의미 있게 하려면 앞으로 평생 즐길 수 있는 취미를 꼭 하나씩 가졌으면 좋겠다. 개인생활에서도 부캐를 하나 가지면 좋겠다는 뜻이다. 직장생활로 힘들고 지친 나의 심신에 새로운 열정과 에너지를 전해줄 취미가 사람마다 반드시 있을 것이다. 돈을 들이지 않고도 할 수 있는 것도 당연히 있고, 과감한 투자를 통해 진지한 마음을 먹고 취미생활을 할 수도 있겠다. 영화나 뮤지컬 관람을 좋아한다면? 보고 나서 꼭 자신의 블로그에 감상평과 사람들에게 전하고 싶은 나의 생각을 기록해두길 바란다. 5년, 10년이 지나면 엄청난 콘텐츠로 쌓여 있을 것이다. 어쩌면 그 콘텐츠들이 당신 제2의 인생을 풀어나갈 힌트가 되어 줄지 누가 알겠나?

나의 대학 신입생 시절부터 좋아하고 존경해온 세 학번 위 선배 한 명이 있다. 그는 20대 초반부터 사교댄스 동호회에서 활동했다고 한다. 사실 겉으로 내색하거나 말하지 않아서 그가 그런 취미를 가졌는지 주위 사람들은 잘 모르긴 했다. 30년이 넘은 지금, 그는 아직도 '춤추러 다닌다.' 그때는 잘 몰랐지만 지금 와서 보니 그렇게 멋진 취미가 따로 없다. 한 가지 취미를 30년 넘게 계속해온 끈기도 놀랍고, 여전히 그 취미를 즐기고 있다는 것도 기특할 정도다. 그 선배야말로 확실한 부캐 하나를 갖고 인생을 살고 있는 거다. 그도 힘들고 어렵게 직장생활을 해온 평범한 사람이다. 하지만 그가 자신의 부캐로 사는 그 순간만큼은 더 이상 평범한 직장인이 아니다. 전혀 새로운 사람으로 또 다른 인생을 즐기는 멋진 사람으로 변신하니까.

나는 어릴 적 넉넉지 못한 집안 사정으로 예체능은커녕 학교 수업을 보충하거나 선행학습을 하기 위한 학원에 다닌 적이 없다. 그래서 지금은 할 줄 아는 것이 없다. 그저 걷거나 뛰는 정도의 운동뿐이다. 남들처럼 멋지게 수영할 줄 안다거나 스키, 스노보드를 탈 줄도 모른다. 그래서 지금은 취미라고는 글쓰기와 등산뿐이다. 하지만 나는 한편으로는 후회한다. 돈이 없다고 취미가 없다는 것을, 어떤 사람들은 내가 나태했기 때문이라고 생각할 수도 있으니까. 나도 그렇게 생각한다. 그래서 당신에게 감히 제안하는 것이 지금부터 평생 갈 취미를 하나 시작하라는 것이다. 한마디로 나처럼 살지 않았으면 좋겠다. 취미는 당신에게 하나의 부캐를 만들어 선사해줄 것으로 확신한다. 그 부캐가 당신의 삶을 조금이라도 즐겁고 행복하게 만들어주기를 바라면서.

사람은 살면서 수많은 상황과 맞닥뜨리고 그 상황에 반응한다. 회사 사무실에 있는 시간은 내 인생에서 큰 비율을 차지하고, 또 얼마나 많은 상황이 발생하고 수시로 변화하는가? 잠을 자는 시간과 평일 회사에서 일하는 시간을 비교해보자. 나처럼 수면 장애를 겪고 있는 사람들은 아마도 회사에 머무는 시간이 훨씬 더 길 수도 있겠다. 더군다나 출퇴근 시간까지 더한다면? 회사와 관련된 시간이 더 많다. 그렇다면 그 상황들에 맞는 내 반응 방식을 만들어내고 잘 활용해야 하지 않겠는가? 이건 단순히 많은 시간을 회사에서 보내는 데 '잘 때우고 집에 가는 것'을 넘어, 당신의 경력을 조금씩 탄탄하게 쌓아나가는 기초를 만들어야 한다. 이때 부캐는 당신이 직장생활의 노하우와 지혜를 쌓게 해주는 중요한 도구이자 스킬이 되어줄 것이 틀림없다. 또한 5년 후, 10년 후 그 부캐들이 모여 당신이라는 훌륭한 인재를 완성해줄 것이다. 마지막으로 앞서 말한 '짬바'도 부캐들이 만들어낸 협업의 결과물이라는 것을 알아두자.

# 상사의 관점에서
# 바라보자

당신은 '직장상사'라는 단어를 들으면 가장 먼저 어떤 이미지가 떠오르는가? 스트레스 제조기인가, 나의 만병의 근원인가? 아니면 감사와 존경의 대상일까? 회사는 당신이 선택한 것일 수도 있다. 물론 성적에 맞춰 원치 않는 대학에 입학하는 것처럼 이런저런 이유로 마지못해 입사하는 경우도 많다는 걸 안다. 회사에 입사한 우여곡절이야 어떠했든, 상사는 내 마음대로 키오스크에서 주문하듯 고를 수 없는 상대다.

오늘도 또 한 소리 들었다. "일을 너무 남 일처럼 한다"라는 팀장님의 근엄하고도 진지한 피드백이었다. 나는 나대로 '어제 칼퇴근했다고 에둘러 지적하시는 건가?'라는 생각도 했다. 팀장님이 지시한 업무는 어떤 익숙하지 않은 제품군의 미국 시장 판매 현황을 조사하는 것이었다. 이런 업무는 어느 정도 해봤기 때문에 중간보고 없이 진행하고 결과만 보고하던 참이었다.

부서와 가장 가까운 소회의실에서 팀장님으로부터 피드백을 들으면서 후회가 밀려왔다. '중간중간에 물어보면서 할걸…' 팀에서 다루던 제품군과는 조금 동떨어진 것들이어서 단순히 흥미나 참고 차원에서 지시했을 것이라 넘겨짚었는데(늘 이런 예측은 맞은 적이 없다) 회사의 신사업 구상의 출발점이었던 것이다.

나는 10여 년이 지난 지금까지도 팀장님도 잘못한 부분이 있다고 생각한다. 왜 그리도 일의 취지나 본질을 알려주지 않았던가? 그냥 시키면 시키는 대로 하게 내버려둘 것인가? 우리가 경계해야 하는 점이 바로 이것이다. 당신이 하급자에게 어떤 일을 지시하고 맡길 때는 왜 이 일을 해야 하는지, 기대하는 것이 무엇인지 미리 좀 알려주자. 밑도 끝도 없이 단문형으로 일을 시키는 무능력한 팀장은 요즘 없을 것이다(없어야 한다). 물론 당시 그 상사의 관점에서는 내가 알 필요가 없거나 지금 알면 오히려 일의 집중도가 흐려질 수도 있어서 그랬을 수 있다. 오히려 내가 더 잘못한 건 팀장님에게 중간보고를 하지 않는 것, 그리고 먼저 묻지 않았다는 것이다. 어쩌면 팀장님은 내가 중간에 보고하고 간략하게나마 피드백을 듣기를 원했을 수도 있다.

몇 년이 지나 내가 팀장이 되어 옛날의 상대편 입장이 되어보니 그렇더라. '지금쯤이면 저 친구가 나한테 뭔가 이야기를 해줘야 하는데…' 하며 기다리게 된다. 친구들과 종종 했던 '눈치게임'은 아니지만 그렇다고 팀장인 내가 말할 것이 아니라 담당자가 해당 업무를 주도적으로 진행하고, 그 진행 상황을 '알아서 먼저' 알려주기를 희망하기 때문이다. 그게 담당자로서 업무를 이끌어가는 역량을 키우는 것이기도 하고, 그 일의 결과를 모두가 원하는 목표 테두리 안으로 안착시키는 방법이기도 하니까.

아주 작은 각도(角度, Angle)이더라도 진행 방향으로 길어질수록 끝부분에서는 거리가 멀어지는 법이다. 그래서 초반에 방향을 잘 잡아야 목표했던 것과 실제 결과의 괴리(격차)는 좁아진다. 당신이 아직 담당하고 있는 업무에 익숙지 않거나, 아직 고수의 반열에 오르지 못했다면, 상사에게 자주 질문하고 피드백을 들어보자. 협의의 의미가 중요한 이유는 같은 프로젝트를 하는 사람들과의 의사소통을 통해 완성되니까. 어두운 밤 홀로 하늘을 나는 새는 자신이 어디쯤 있는지, 얼마나 높이 나는지 알지 못한다. 하지만 다른 새들이 함께 날고 있다면 홀로 날던 새도 자신이 어디쯤인지 알 수 있게 되는 법이다.

"팀장님, 드릴 말씀이 있는데요."

함께 일하는 팀원이 이 말을 할 때마다 가슴이 철렁 내려앉는다. 업무와 관련된 주제라면 보통 이 말을 하지 않거든. '아, 분명 뭔가 일이 있는 거야. 무슨 일일까?' 팀원과 빈 회의실로 들어가 굳은 얼굴로 앉았다.

"저, 그만두려고요."

늘 그랬듯 '드릴 말씀이 있다'라고 하면 십중팔구는 퇴사의 뜻을 밝히는 팀원들의 말이 이어졌다. 2008년 처음으로 팀장이라는 직함을 얻고 난 이래, 팀원들의 퇴사는 나에게는 항상 나에 대한 팀원들의 평가로 생각해왔다. 물론 직접 "당신 때문에 내가 나가려고 하는 거야"라고 말하는 사람은 없었다. 하지만 일단은 내가 어떤 문제가 있는지 궁금했다. 그렇다고 해도 이걸 대놓고 묻기도 조금 그렇고 해서 그냥저냥 넘어갔었더란다. 팀원들의 퇴사 사유는 다양했다. "공부를 더 하고 싶어서요"라고 하기도 했고, "지금 하는 일이 맞지 않아서 다른 걸 해보려 합니다"라는 답변을 듣기도 했다. 심지어는 "대학 입학 이후 줄곧 서울에서 살았는데, 이제는 부모님 건강 문제도 있고 해서 다시 고향으로 내려가야 해서요"라는 말까지 들었다. 사실은 이런 이유가 진짜일 수도 있고 아닐 수도 있을 것이다.

앞에서 말한 바와 같이, 그간 다니던 회사를 그만두는 가장 큰 이유는 '상사와의 반목, 불화'일 것이다. 내가 스스로 정할 수 없는데 내 마음에 들지 않는 것을 피할 수 없으니, 그것이 가장 사람을 힘들게 하는 것이다. 상사와 잘 지내는 경우도 많지만, 그것도 나의 부캐가 그럴 뿐이지 회사에서 쓰고 있는 가면을 세, 네 겹 벗어던지고 나면 그렇지 않을 수도 있을 것이고.

우리가 업무를 진행하면서 서로 피드백을 주고받는 것은 그 업무를 성공적으로 끝내기 위한 필수요소다. 하지만 때로는 끝내지 못하고 중단

하거나 포기한 프로젝트라도 그 과정에서 노하우나 교훈을 얻을 수 있다면 좋지 않을까? 사람들과의 관계도 그러하다. 죽을 때까지 나와 함께 갈 사람들은 아니다. 하지만 어떤 상사든 자신의 부서에서 하는 일을 망치고 싶어 사는 사람은 없다. 다 잘 되려고 하는 것인데, 다만 의사소통의 방식이나 감정을 다스리는 방법의 차이가 오해와 갈등을 불러오는 것이다. 그런 상사를 대하는 나의 태도와 표정은 어땠을까? 나도 모르는 나의 말투나 표현들이 누군가를 실망하게 하고 화나게 한 적은 없을지 되돌아볼 일이다. 주로 업무적인 것보다는 감정표현의 문제가 사람들 사이의 관계에 좋지 않은 영향을 끼치니까.

회사를 그만둘 때 그간 아쉬웠던 부분들이 있다면 최대한의 존중과 예의를 담아 상사에게 전했으면 한다. '이제 막판이니까 한번 싸워보자'라는 의미는 아니라는 건 잘 알 것이다. 앞으로 언제, 어디선가 다시 마주칠지 모르는 그 좁디좁은 '업계'에서 살아남는 방법이기도 하고, 나는 모르는 누군가가 그 상사와 일하게 될 때 조금이라도 나은 관계를 만들 수 있는 준비를 해주고 나오자는 의미다. 예전에 한 회사를 그만두면서 팀장과 면담을 진행한 적이 있다.

"이런저런 부분에서는 너무나도 감사했습니다. 그동안 팀장님께 정말 많은 것을 배웠습니다. 앞으로 저에게 큰 도움이 될 거예요. 하지만 이런 부분들은 정말 서운했고 아쉬웠습니다."

이렇게 말을 남긴 적이 있다. 나의 솔직한 심정을 상대방에게 명확하게 전달하기 위해서는 칭찬과 지적이 적절히 함께 있어야 함을 알기 바란다. 나가는 마당에 그냥 조용히 있다 나가자는 생각보다는 내가 누군가를 조금이나마 변화시킬 수 있다는 것을 깨달았으면 좋겠다. 그러한 작은 깨달음들이 모여 먼 훗날 나에게 다시 돌아올 수도 있을 테니.

'왜 지금 이 일을 시키는 거지? 왜 저런 말을 하지?'

어떤 비슷한 일을 몇 번을 했는데도 사소한 지적을 여러 번 받거나 안 좋은 소리를 듣고는 한다. 이유가 뭘까? 나는 지금까지 여러 명의 상급자를 대하면서 다양한 성향과 가치관을 가진 사람들을 만나왔다. 하지만 업무를 해오다 보면 그 다양함 속에서도 '패턴'이 존재한다. 이건 단순히 한 개인의 패턴이라기보다는 업무의 패턴이라고 할 수 있다. 그래서인지 오히려 사람보다는 업계의 특성을 반영하는 경우가 많았다.

업종을 불문하고 1년 전체의 업무를 펼쳐서 한눈에 보면 어떤 월, 분기, 계절 등 특정한 시기에 해야 하는 업무들이 있다. 이는 회사가 판매하는 상품 또는 서비스의 특성상, 계절이나 시기를 타는 것도 있기 때문이리라. 상황이 어찌 되었든 상사의 관점에서 바라보는 방법 중 가장 쉽고 빠른 건 '업무의 패턴과 사이클'을 파악하는 것이다.

"이 말씀 하실 줄 알고 미리 생각을 좀 해서 초안을 만들어봤습니다"라고 말하는 순간 상사로서는 당신의 얼굴이 100배는 더 예쁘고 잘생겨 보일 것이다. 이미 준비된 사람, 짧게나마 앞을 볼 줄 아는 업무능력이야말로 초년생의 능력을 실제보다 더 크게 보이게 해주는 마술과도 같은 것이다. 사실 마술은 눈속임에 불과하다고 하는데, 알다시피 그걸 준비하는 마술사는 엄청난 시간과 노력을 쏟아붓는다. 즉, 하려고 하는 마인드가 갖춰지면 그다음에는 노력과 열정만 있으면 이룰 수 있는 것들이다. 아무것도 하지 않고 안일하게 업무를 대하는 사람은 티가 잘 나지 않지만, 노력을 조금이라도 한 사람들은 뭐가 달라도 다르다. 상사의 관점에서 바라보고 생각하는 것, 그 후광효과는 상상 이상으로 크다.

# 성과 지향적 마인드를
# 갖춰라

'성과 지향적'이라는 말은 사실 조금 오래된 느낌이 든다. '인재경영'이니 '인재육성'이니 하는 말도 이 성과 지향적 기준에 대한 반발로 나온 것인데, 이조차도 오래되었다. 아마도 독자 중 꽤 많은 분은 이런 말들이 있었는지도 모를 수 있다. 하지만 변하지 않는 진리는 분명히 있다. 누군가는 당신을 평가하고 그 평가 결과로 당신에 대한 처우를 결정한다는 점이다. 혈연관계가 아닌 이상 '봐주기'는 없는 것이 사회생활이고 직장생활이다. 그저 '동네 착한 동생'이나 '친절한 앞집 청년'의 이미지만을 가지고 회사생활을 한다는 건 생각도 안 해봤으리라.

약 17년 전, 겨울로 접어들고 연말이 가까워져오자, 모두가 꺼리는 전사 워크숍이 다가오고 있었다. 회사가 위치한 곳에서 조금 거리가 있는 회사 연수원에서 팀장급 이상이 참가하는 워크숍이라는 이름의 '사업 보고'라는 중요한 행사가 열릴 예정이었다. 나는 당시 팀장급이 아닌 주니어사원(대리)이었지만 진행요원 임무를 받고 따라가게 된 사람 중 하나였다. 회사에서 마련한 관광버스 2대에 나눠 타고 고속도로를 달리고 중간에 휴게소에 들를 때만 해도 마치 야유회에 가는 듯한 분위기였다. 하지만 연수원에 도착하자마자 바로 영업본부별 연간 실적 보고와 내년 사업계획에 대한 발표가 시작되자 분위기는 차갑게 돌변했다.

뒤치다꺼리하는 팀원들 10여 명을 제외하고는 모두 최소 팀장급 이상이었다. 그 말인즉, 젊은 직원들 눈치를 안 봐도 되는 상황이다. 칼날 같은 질책과 답변, 변명들이 이어졌다. 얼굴이 일곱 가지 색깔로 변하는 어떤 팀장님이나 비교적 여유롭고 심지어 얕은 미소까지 띠는 실적 좋은 어떤 본부장님… 모두 합해서 30여 명의 팀장, 임원들의 표정은 그야말로 가지각색이었다. 그나마 그해의 실적이 전년 대비 상당히 좋은 상황이었지만, 그럴수록 실적이 저조한 팀이나 본부에 대한 질책이 더 심해보였다.

평소 빈번한 음주로 지각도 잦고, 예상치 못한 일탈로 좋지 않은 이미지를 가진 어떤 팀장님이 있었다. 하지만 그는 훌륭한 실적을 올린 덕에 그날의 히어로가 되었다. 반면, 흠잡을 것 없는 근태를 넘어 야근을 밥 먹듯 하고, 직원들 사이에서 좋은 사람됨을 보여준 어떤 본부장님에게는 자존심이 상할 정도의 질책과 비난이 쏟아졌다. '역시 돈이구나! 역시 실적이구나!' 무섭지만 맞는 말이었다. 그런데 어쩌랴? 회사라는 것이 영리를 추구하는 곳이고, 돈 잘 버는 사람이 최고라는 데는 이론의 여지가 없으니…. 그때 느꼈다. 자꾸 위로 올라가는 것도 그렇게 좋은 건 아니라는 것을. 그렇지만 올라가지 않으면 아예 끌어내려지는 것이 조직사회인 것도 맞는 말이니 난감할 뿐이다.

회사가 겉으로는 장기적인 안목에서 성장을 도모하기 위해 사람을 키우고 조직문화를 개선한다고는 한다. 하지만 실상은 단기적이고 실질적인 결과를 얻기 위해 직원들을 밀어붙이는 경우가 다반사다. 이렇게 밀어붙여서 성과가 잘 나오면 서로 행복하고 따스한 상황이 된다. 반면 정반대의 결과가 나오고, 중간에 견디지 못하고 나가떨어지는 직원이 있다면, 회사 입장에서는 그냥 또 새로 뽑으면 그만이다.

취업 준비를 하던 시기를 포함해 사회초년생 시절, 나는 이런 말들을 종종 듣곤 했다. 먼저 사회생활을 시작한 1, 2년 선배들이 한 말들로 기억한다.

"성과는 직장생활에서 최고의 가치이자, 당신의 존재 이유다. 너무 삭막하다거나 매몰차게 들릴 수도 있겠다. 하지만 회사가 당신으로부터 기대하는 것은 간단하다. 회사가 직간접적인 방법으로 돈을 벌게 해주는 것이다. 당신의 소중한 시간을 회사에 '제공'하는 것에 대한 대가가 월급, 연봉이기는 하지만 그냥 시간만 보낸다면 조만간 당신 자리는 다른 누군가의 차지가 된다. 이른바 '책상을 치운다'라는 옛날 아저씨들의 말이 틀린 말은 아닌 듯하다. 직무에 따라 다르지만, 물건을 팔아 돈을 벌거나, 그 돈을 벌 인재를 찾는 것, 그 물건을 만드는 것, 모두 성과로 말하는 것이다."

회사로서는 성과를 강조하지 않을 이유가 없다. 성과에 집착하는 건 영리를 추구하는 집단의 본성이기도 하고, 종종 짧은 기간 안에 실적을 올리고 성과를 내야 자리가 온전해지는 사람들이 있기도 하기 때문이다. '위에 누가 새로 왔는데 그분이 이렇게 저렇게 하라고 하셨다더라'라는 소문, 많이들 들어봤을 것이다.

하지만 여전히 현실이란 성과를 내고 자신의 입지를 단단히 하는 것이 직장인에게는 최고이자 최선의 규범 정도로 여겨지고 있다. 익숙하지 않거나 아직은 표면적이고 허드렛일 같은 것만 해온 상황들일 것이다. 이런 상황이라면 단 한 번의 시도로 성과를 내는 것은 불가능에 가깝다. 여러 번의 실패를 맛볼 수도 있다. 그렇다면 그 실패를 통해 다음번 시도에서는 한 발자국 더 앞으로 나아갈 수 있다면, 성과에도 더 가까이 다가서는 것이리라.

해외 전시회를 나가서 알게 된 미국의 어느 잠재 고객사가 있었다. 독일의 어떤 전시회(박람회)에서 내가 있던 회사의 부스(Booth)에 무려 3년 연속으로 찾아온 사람들이었다. 나는 평소 사람들의 얼굴이나 이름을 매우 잘 기억하는 편이다(그 이유는 잠시 후 알 수 있다). 세 번째 찾아온 그분들의 얼굴을 바로 기억해낼 수 있었다. 그들이 우리 쪽으로 걸어오기 시작한 순간, 나는 같이 자리를 지키고 있던 팀장님께 말했다.

"재작년, 작년에 왔던 사람들입니다. 이번에는 명함을 받아내야겠는데요"라고 호기롭게 말했다. 여태껏 명함도 준 적 없고, 연락처를 달라고 해도 "괜찮다"라는 모호한 말을 하고 떠난 사람들이었다. 그간 참 아쉬웠더랬다. 아니, 미칠 노릇이었다. 느낌상 꽤 큰 회사의 사람들인 것 같아서 좋은 영업 기회를 만들고 성과를 내보겠다며 기대해온 대상이었으니까. 전시회에 참가 또는 참관해본 사람들이라면 알 것이다. 쉽게 말하자면 '출입증'을 목에 거는 방식으로 만들어서 나눠준다(간혹 배지(Badge) 형태로도 나눠준다). 그 입장권을 일부러 뒤집어서 이름과 회사가 노출되지 않게 다니는 사람들을 꽤 많이 본다. '나는 내가 주고 싶을 때 내 명함을 너희에게 준다'라는 눈빛으로 넓디넓은 전시장을 거니는 사람들이다.

세 번째 만나게 됐을 때 나는 그 사람 중 특히 더 인상적이었던 30대 중반으로 보이는 남자에게 인사했다. "이번에 3번째 만나게 되니 더욱 반갑습니다!"이랬더니 그가 바로 나에게 악수를 청하는 것이었다. 작년에 만났을 때의 모습과 태도와는 사뭇 달라 속으로 약간 놀랐다. 그러고는 그는 거의 한 시간이 넘도록 제품에 대해 자세하게(아니 꼬치꼬치) 질문하고 또 질문했다. 결론을 말하자면 이렇다. 나는 그날 그 사람의 명함을 받았고(튀르키예계 미국인으로 기억한다), 출장 복귀 후 바로 NDA(Non-Disclosure Agreement / 비밀 유지계약)를 맺었다. 그리고 약 1년 후 내 생애 최고 수주액을 달성하게 되었다. 단일 고객으로는 가장 큰 액수였으며, 이 성과는 내가 이직할 때마다 내 경력기술서에 자랑스럽게 쓰이고 있다.

여기서 말하고 싶은 점은 내가 사실 사람을 잘 기억하는 능력은 없다는 것이다. 오히려 돌아서면 잊어버리고, 다시 보면 새로운 사람으로 인식한다. 그런데 어떻게 그 미국 고객사 사람들을 기억해냈을까? 그리고 아주 호기롭게 상사에게 그렇게 말했을까? 나는 바쁜 전시회 운영 시간 중에도 노트에 내가 기억하고 싶은 사람들의 인상착의를 글과 그림으로 남겼기 때문이다. 그렇게 하면 나처럼 수준 낮은 기억력을 가진 사람들에게는 큰 무기가 된다. 사람이 사람을 기억한다는 것은 감정적 거리를 가깝게 할 뿐 아니라 업무적인 성과에도 좋은 영향을 끼친다는 점을 나 자신이 증명한 셈이다.

하지만 이러한 나의 이야기에도 불구하고, 이제는 회사의 입장이 아닌 독자들 개인의 관점에서 '성과 지향적 마인드'를 새롭게 정의하고 싶다. 즉, 한 개인의 장기적인 성장을 위한 마인드를 갖추는 것으로 달리 이해하고자 한다는 뜻이다. 그 무엇보다도 내가 먼저다. 회사가 우선이 아니라는 말이다. 요즘 세상에는 지극히 당연한 말이지만, 설마 예전에도 말만 그랬을 것이다. 요즘에 누가 누구에게 충성을 맹세하고, 감히 회사에 뼈를 묻겠다고 말하고 다니는가?

그래서 말인데, '성과 지향적'이라는 개념을 자신에게 집중에서 생각해보자는 것이다. 오로지 성과만 잘 내면 된다는 말로는 간단한 것인데, 그 성과를 내려면 결국은 본인을 성장시키고 역량을 키우는 것을 전제로 한다. 2년이든 3년이든 아무런 내적 성장이 없이 훌륭한 성과를 낼 수 있는 사람이 있을까? 운 100%로 만들어진 훌륭한 결과물이란 것이 있을까?

누군가는 "운도 실력이다" 아니면 '운칠기삼(運七技三 : 운이 70%, 노력이 30%)'이라는 말도 있다. 하지만 운도 결국에는 그 운을 알아보고 적절한 타이밍에 거머쥘 수 있는 사람의 것이다. 그 타이밍을 포착한다는 것은 그 사람의 능력이자 안목이다.

남모르는 노력을 기울이자. 자기계발이라고 이해해도 좋고, 자신의 업무에 대한 자기만의 결과분석, 피드백이라고 봐도 좋다. 하나를 끝냈으면 반드시 그에 대한 반성과 칭찬을 하자. 성과는 당연히 내야 하고 낼 수 있지만, 자신의 발전과 직접 연결하려면 본인의 성장이 뒷받침해줘야 한다. 또한 자신이 이뤄낸 성과를 넘어서기 위해 그 성과를 이룬 과정을 되짚어보고 잘한 것, 못한 것 등을 나만의 기록으로 남기길 권한다.

# 주기적인 '자기 피드백'의
# 시간을 가져라

직장생활은 힘들다. 이 땅의 직장인들은 다양한 규모의 회사에서 다양한 직무를 담당하면서 하루하루 다니고 있다. 직장생활을 20여 년 해온 나도 지금껏 이 생활이 "힘들지 않다, 즐겁고 재미있다"라고 말하는 사람을 지금까지 본 적이 없다. 다 힘들어한다. 일요일 저녁에 누구나 겪는 격한 우울감과 무기력은 이루 말할 수 없을 정도고, 월요일 아침 지하철, 버스에서 마주치는 사람들의 얼굴엔 수심이 가득하다. 하지만 별수 없다. 우리는 매일 나에게 닥친 일들을 쳐내고 집으로 재빠르게 복귀하는 다람쥐의 뒷모습을 가진 직장인이니까.

직장생활이 힘든 이유는 참으로 여러 가지일 것이다. 일이 너무 많아서, 너무 어려워서, 아니면 숨 막힐 듯한 회사 분위기? 특히나 신입사원, 주니어사원이라면 공감할 것이다. 낯선 사람, 낯선 공간, 낯선 업무에 대해 답답함과 부담감도 힘든 직장생활에 한몫한다는 것. 더군다나 익숙지 않은 업무를 이리 묻고, 저리 물어가며 해놓고 나면 상급자에게서 듣게 되는 피드백도 여간 힘들게 하는 것이 아니다. 언제나 좋은 말만으로 피드백이 끝나는 것이 아니기 때문이다. 심지어 개인과 개인의 감정싸움으로 변하는 때도 있어서 항상 사람을 긴장하게 만드는 것이기도 하다.

사회생활 1년 차, 즉 직장생활을 한 지 반년도 안 됐을 때였으니, 아주 오래전 일이다. 간단한 보고서의 초안을 팀 내 사수에게 이메일로 보내고 10분 정도 지났을 때였다. 사수가 의자를 옆으로 돌려 나를 보면서 말했다. "내가 언제 이렇게 하라고 했어요? 보고서의 기획 의도를 전혀 이해하지 못한 것 같군요." 나는 "네, 전 대리님이 이 건에 대해 보고서를 만들어보라고 하실 때, 대리님께서 의도나 목적에 대해 자세히 말씀해주셨다고 생각합니다"라고 상대방을 진심으로 존중하는 표현으로 답했다. 왜냐하면, 그래도 이 사수는 어떤 일을 할 때 그 취지나 목적을 미리 잘 설명하는 업무처리 방식을 가진 분이었기 때문이다.

하지만 그 직후 얕은 한숨을 시작으로 사수의 상세한 내용 피드백이 시작됐다. '이게 이 정도의 시간을 할애할 정도로 중요한 건이었나? 아니면 내가 이 정도의 시간 동안 들어야 할 정도로 잘못한 거였나?'라고 생각하며 다시 컴퓨터의 모니터를 바라봤다. 하지만 나는 거기서 끝내지 않고 사수가 들려준 말들을 정리해서 기록해뒀다. 물론 감정적인 부분들은 빼고 말이다.

나는 직장생활을 시작한 이래 항상 나에게 되묻고는 했다. '나는 지금 잘하고 있는 건가?' 그러고는 그 순간의 내 기분 상태에 따라 다른 답을 떠올렸다. 회사에서 수많은 일을 해오면서 받은 상사 또는 동료의 피드백을 듣게 되면, 나라면 어떻게 나 자신에게 피드백했을까 생각했다. 그리고 그들의 긍정적인 또는 부정적인 피드백을 손으로 직접 기록하고 생각날 때 다시 한번 들여다봤다. 마치 어떤 상품을 구매한 소비자가 리뷰를 하면 그 리뷰들을 정리해서 'Pros & Cons(선플과 악플 정도로 이해하면 좋겠다)'를 표로 정리하는 방식과 같았다.

'자기 피드백'은 여기서부터 시작된다. 사람은 다른 사람과의 관계와 교류를 통해 자신의 위치를 파악한다. 이는 망망대해에 떠 있는 작은 배가 자신의 위치를 북극성을 보고 알게 되는 것과 같다. 타인의 의견, 칭찬, 비판이 자신의 현재 위치를 파악하는 주요한 기준점이 되는 것인데, 이를 통해 자신에 대한 반성을 도모할 수도 있는 것이다.

단순히 '수고했어'라는 상사의 평가가 있었다면 어떻게 해야 할까? 나 같은 경우 이런 단순한 피드백이 있을 것을 대비해서, 해당 업무의 특정한 부분에 대한 의견을 요청할 준비를 미리 해봤다. 수고했다고 하니까 그냥 "네!" 하고 자리로 돌아서면 그 일에서 배울 건 하나도 없다고 생각했기 때문이다.

"팀장님, 제가 이런 부분은 좀 더 상세한 근거나 출처를 찾아봐야 했지 않았을까요?"라고 물었더니, "응, 그렇긴 하지. 이럴 땐 미국의 ○○○ 시장 조사 업체의 자료를 찾아보면 좋을 것 같아. 필요하면 돈을 주고 사는 방법도 있겠지"라는 답변을 들을 수 있었다. 물어보길 잘했다는 생각이 들었다. 그냥 넘어가면 그걸로 끝이었을 간단한 일이었기 때문이다. 이렇게 했더니 작은 일을 하면서도 큰 것을 얻고 배울 수 있었다.

자기 피드백은 자기를 평가하고 미래의 행동을 개선하는 것에 가깝다. 하지만 자신을 평가하는 것이 익숙하지 않고, 감히 용기를 내서 했다고 하더라도 객관적이기가 쉽지 않을 것이다. 나는 나를 가장 잘 아는 사람이기도 하지만 나를 가장 선입견을 품고 보는 그 자체이기 때문이리라. 그런데도 자기 피드백을 해야 하는 이유는 작은 발전을 쌓아 중장기적으로는 큰 진보를 이루기 위함일 것이다.

오히려 미리부터 지레 겁을 먹고 부정적인 피드백을 받을 것을 걱정하거나, 피드백이 오간 이유와 본질을 잊고 부정적인 피드백을 받았다는 것 자체에 신경을 쓰는 경우가 있다. 이러느니 상대의 피드백을 정면으로 바라보고 자신을 평가해보는 기회를 만들어야 한다. 나도 그랬다. 종종 '당신은 사람들 앞에서 나에게 모욕감을 줬어'라고 수백 번 되새김질 하는 등의 쓸모없는 감정 소모를 해온 적 많았다. 사실 되짚어보면 모욕감을 줄 만한 것도 없었는데, 단순히 부정적인 피드백을 받았다는 생각에 무척 언짢았던 것 같다. 그런데 이렇게 대하고 보니 나에게 남는 건 낭비해 버린 시간과 감정뿐, 나를 위한 발전이나 개선은 하나도 없었다.

그렇다면 나에 대한 업무 피드백은 어떻게 하면 좋을까? 우선 내가 그 업무를 보고 받는 사람의 처지에서 생각해보는 것이다. 회사 전체의 일을 어느 정도 파악하고 있다면 금상첨화겠지만 지금으로서는 아닐 확률이 높을 것으로 안다. 그렇다고 보고 받는 사람의 입장을 아예 도무지 알 수 없는 건 아닐 것이다. 일단 생각해보자. 어떤 일의 목적과 그 목적에 맞는 합당한 과정을 거쳤는가 되돌아보는 것이다. 신입사원이나 주니어 사원들이 받는 피드백 대부분은 '뭔가 나사가 하나 빠진', 아니면 '기본적인 것을 놓친' 것에 대한 것들이 많기 때문이다. 이건 누구나 겪는 것들이니까 말하는 거지, '그것 봐, 그럼 그렇지' 하는 마음에서 하는 말은 아니니 오해하지 않기 바란다.

그다음 생각해볼 것은 내가 잘했고, 잘못했던 사항들을 명확하게 구분해 내고 목록으로 만들어보는 것이다. 앞에서 말한 'Pros & Cons'를 구체화하는 작업으로 보면 된다. 제품을 만들고 판매하는 많은 사람이 이미 알고 있는 것이다. 내가 만든 제품이 소비자들로부터 어떤 반응을 얻고 있는지 궁금하지 않은 사람은 없다. 소비자들의 목소리가 모여 다음 제품을 어떻게 개선할지, 아니면 그냥 그 제품은 그만 만들고 전혀 새로운 제품을 해야 할지 결정할 수 있기 때문이다. 특히 경쟁제품을 이길 수 있는 아이디어를 도출하는 데 있어 그 경쟁제품의 부정적인 리뷰(비난 댓글)를 눈여겨볼 필요가 있다. 그만큼 내 제품을 더 돋보이게 하는 소구점(訴求點 : Sales Point)을 덧붙이는데 효과가 크기 때문이리라.

자기 피드백도 마찬가지다. 당신은 어떤 부분에서는 반드시 큰 장점을 갖고 있다. 그리고 완벽한 사람이 없듯이 잘 못하는 부분도 있다. 장점에 집중해서 큰 발전을 이루는 것이 가장 좋은 방법이라고 배웠다. 하지만, 직장생활에 있어서 단점을 고쳐서 마이너스를 제로로 올려놓는 것만으로도 큰 도움이 될 것으로 확신한다.

마지막으로 자기 피드백을 마치면 역으로 해당 업무에 대한 자신의 의견도 상급자에게 전달할 기회를 가져보길 추천한다. 그렇다고 너무 진지하게 보고서를 만들고 프레젠테이션을 하라는 뜻은 아니다. 그저 지나가는 말로, 날씨 이야기하듯 '스몰토크'로 말해보면 어떨까? "팀장님, 지난번 보고드린 것에 대한 피드백에 제가 더해보고 싶은 코멘트가 있는데요"라면서 말이다. 신기한 건 이렇게 하고 나니 그 당시 부정적인 피드백을 받고 상처가 나는 마음이 조금은 풀리더라는 것이다. 숨기지 않고 다 열어놓고 말하면 오히려 그 상처가 덜하다.

자기 피드백은 직장 사람들과의 의사소통을 마무리 짓고 최종으로는 자신의 작은 발전까지 노릴 수 있는 좋은 방법이다. 또한 매일매일 반복되는 긍정적, 부정적 평가에 대한 내 마인드셋을 어느 정도는 평온하게 다듬어줄 수도 있다. 귀로만 듣고 흘리지 말고 꼭 손으로 적고 다시 들여다보는 일종의 루틴을 만들어보길 적극적으로 추천한다. 나 자신에 대한 객관적인 평가도 할 수 있을뿐더러, 어느샌가 흔들리는 감정까지 조금씩 누그러지는 자신을 발견하게 될 것이다. 마치 종이봉투를 입에 대고 숨을 고르게 하는 심호흡 방법과 비슷할 테니 말이다.

# 스스로 성취하는 사람이
# 진짜 에이스다

요즘뿐만 아니라 인류가 산업시대로 접어든 이래, 이른바 '남의 일을 해주는' 사람들은 자기계발에 많은 관심을 두고 있다. 이와 관련된 책들이 얼마나 많은지 서점에 가보면 금세 알 수 있을 것이다. 또한 몇 년 전부터 유행하기 시작한 '미라클 모닝'도 그렇다. 내가 이해하는 바로는, 아침 일찍부터 작은 실천들을 모아 성취감을 느끼는 자기계발의 한 종류이자 트렌드다. 아침에 한두 시간 일찍 일어나 독서를 하거나 운동을 하고, 타인의 방해 없는 자신만의 시간을 갖는 것이 기본 개념인데, 최근 네이버 검색 트렌드에서 재미있는 점을 찾아볼 수 있었다.

2016년부터 현재 시점까지 미라클 모닝이라는 키워드가 얼마나 사람들의 관심을 끌고 있는지 찾아봤다. 그랬더니 2020년 1월, 2월 최고조였고, 여름철에는 바닥을 찍고, 다시 다음 해 연초에 연중 최고점을 찍는 것이었다. 즉, 나를 포함한 누구나 그렇지만, 새해가 되면 새로운 결심과 목표를 세우게 된다. 그 결심과 목표 중의 하나를 미라클 모닝으로 선택하는 사람들이 많기는 한 듯하다.

이렇듯 사람들은 어떤 업종, 업계에서 무슨 일을 하든 미래의 자신에 대한 희망과 기대, 때로는 불안감과 근심 때문에 자기계발에 관심이 크다. 불확실한 미래, 불안정한 일자리, 빈곤한 노후를 원하는 사람은 없기에 지금보다 나은 내가 되기를 원한다. 그렇기에 우리가 직장생활하는 이유도 지금의 금전적인 문제, 즉 생계를 위한 것도 있지만, 자아실현을 위한 수단으로 바라봐야 하는 이유다.


직장생활하는 사람들의 자기계발, 특히 직무와 관련된 역량을 높이는 것은 어떤 의미를 지니고 있을까? 같은 출발선에서 시작한 입사동기나 동년배 직원들과의 경쟁에서 비교우위를 얻기 위해 당신은 어떤 노력을 기울이고 있는가? 그리고 이런 노력을 굳이 해야 하는 이유는 뭘까? 바로 자신이 속한 집단 내에서 '에이스'가 되기 위해서다.

특히 요즘에는 보고 놀 거리가 예전에 비해 많은 것이 사실이니, '심심하다'라는 생각을 가질 틈도 없다. 핸드폰만 있으면 엘리베이터를 타고 있는 순간이나 약속 시간에 늦은 친구를 기다리는 꽤 긴 시간도 문제없다. 한마디로 예전보다 놀 거리가 많아졌다는 말이다. 이것을 다시 생각해보면 사람들이 예전보다 허비하고 있는 시간이 많아졌다고도 볼 수 있다. 그렇다면 조금만 시간을 더 내고, 조금만 더 노력을 기울여도 주변 사람들보다 앞서 나갈 가능성이 크다. 왜 앞서 나가야 하냐고? 이게 다 당신 본인에 매겨지는 가치, 당신이 받을 수 있는 가치에 바로 연결되기 때문이다.

　내가 신입사원으로 입사한 첫 직장의 경우, 내부에서 운영하는 신입사원 교육 프로그램이 있었고, 업계 전체로 봤을 때 엄청난 내공과 훌륭한 경력을 가진 팀장급, 임원급들이 강사로 포진해 있었다. 지금 생각해보면 어린 병아리 같은 신입사원들이 배울 수 있었던 최고의 교육과정들이다. 적극적으로 참여해서 실무에서 바로 활용할 수 있는 좋은 결과를 얻을 수 있었지만, 나는 뭔가 더 해야겠다고 생각했다. 그래서 시도한 것이 두 가지인데, 하나는 해외에서 출간된 관련 서적을 읽고 정리하는 것이었고, 또 하나는 제2외국어 하나를 배우는 것이었다.

　그러나 이 도전들은 쉽게 앞으로 나아가질 않았다. 웬만한 의지를 발휘하지 않고는 지속성 있게 해나갈 수 없었다. 이유인즉, 입사 후 3개월 정도 직장생활을 해보니 도무지 주중에는 시간이 나질 않았다. 취업 준비를 하면서 소원해진 친구, 지인들을 만나는 것이 큰 낙이었다. 취업 준비를 하면서 불안하고 답답한 시절을 보낸 것에 대한 보상심리가 있었기 때문이다. 학교 동기들을 만나서 지금 어떻게 살고, 누구는 어디 들어갔고, 사회초년생으로서 힘든 것이 뭔지, 그리고 그걸 해결하기 위해 어떻게들 하고 있는지 등의 팁, 정보를 공유하는 의미도 있었다. 또한 이게 더 큰 이유인데, 해외 영업 특성상 시차 문제로 밤늦게 거래처와 연락해야 하는 경우가 많았다. 그러다 보니 자연스레 집은 주중에는 잠만 자는 곳이 되어버렸다. 나도 그저 평범하고 의지박약한 그런 사람이라.

이래서는 안 되겠다는 생각이 들기 시작했다. 이게 단순하게 '경쟁에서 뒤처지면 안 된다'는 막연한 불안감에서 온 것이 아니었다. '어떻게 들어오게 된 회사인데, 학생 때처럼 게으르게 살면 안 된다'라는 생각에서였다. 그리고 남이 시켜서 하는 일은 동기부여 측면에서 의미가 없기 때문에, 항상 스스로 뭔가를 이루고 싶은 마음도 컸다. 사실 학교 다닐 때는 전공 공부든 취업 준비든 제대로 하지 않고 게으름을 피우며 4년을 보냈다. 나의 이런 태도를 사회생활하면서 또 반복할 수 없었기 때문이다. 이제는 인생이라는 실전에 진지하게 임해야 한다는 생각이 들기 시작한 때였다.

중국어 주말 과정에 등록했다. 한 번 가면 6시간 연속으로 진행되는 수업이었는데 생각보다 그렇게 힘들지는 않았다. 물론 수업의 난이도는 별개의 이야기지만, 수업료도 비쌌기 때문에 돈 때문에라도 열심히 임해야 했다. 거의 1년을 다닌 것 같았다. 당시 중국어를 배우는 목표는 공인 어학성적을 따기 위한 건 아니었고, 영어 이외의 언어 중 당시 회사에서 중요하게 생각하는 외국어였기 때문이었다. 중국 여러 대도시에 지사, 사무소가 있었고, 내가 속한 팀은 아니었지만, 다른 영업본부에서 중국 비즈니스를 큰 규모로 진행하고 있었기에 이 언어에 관심을 가질 수밖에 없었다.

아주 나중에 일어난 일이지만 우연찮은 기회, 예를 들면 해외 전시회에서 중국의 한 잠재고객사를 만나게 되었다. 더듬더듬하는 중국어를 써가며 제품에 대해 설명하고 몇 달 후 큰 매출기회를 얻게 되었다. 당시 영어로 할 수도 있었지만, 그분들이 영어를 하지 않는 관계로 어쩔 수 없이 중국어를 쓰게 됐다. 하지만 의외로 이 점이 인간적인 친밀함을 끌어냈고 몇 번의 방문을 통해 큰 계약에 성공할 수 있었다. 의도치 않은 준비가 빛을 발하게 된 순간이었다.

당신이 어떤 직무를 담당하든 그 분야에 대한 책이나 교육 프로그램은 존재한다. 우선 그것부터 시작해보자. 예를 들어 다른 전문가의 경험과 지식을 한꺼번에 손쉽게 배우고 흡수할 수 있는 것, 바로 책이다. 당신이 영업이든, 인사 직무든, 개발자든 누군가가 먼저 그 길을 갔다면 초보자인 나에게 도움이 되는 책이 있을 것이다. 10권이든 20권이든 읽을 각오로 임해보자. 책은 세상에 넘쳐난다. 그중에 당신의 직무에 도움이 될 책도 많지만, '이게 뭐야? 이런 부실한 내용의 책이 세상에 어디 있나?'라고 생각할 만한 책도 있을 것이다. 하지만 읽은 책의 옥석을 가릴 수 있는 눈이 있다면, 당신은 이미 어느 정도는 알고 있는 사람이 된 것이다.

가끔은 회사에 있는 시간이 아니더라도 내가 회사에서 하는 일, 관련 지식과 정보에 관심을 가질 필요는 있다. 그래도 취업 준비할 때보다는 훨씬 마음은 편하지 않은가? 이럴 때 업무 관련 공부를 해보자는 것이다. 이게 생각보다 중요한 것이 당신이 어떤 특정 직무로 자신의 커리어를 이어가겠다고 마음을 먹었다면, 누구도 넘볼 수 없는 실력과 성과가 있었으면 좋겠다. 성과는 평소 실력과(솔직히 말하자면 약간의 운도 작용한다) 자신만의 누적된 성취를 먹고 태어난다.

한국에는 찾아보기 힘든 업무와 관련된 책을 미국 아마존에서 주문해서 읽고는 했다. 주로 미국이나 영국에서 발간된 책들이었는데, 무려 한 달 정도 걸리는 인내의 시간을 거쳐 손에 넣은 책도 많았다. 주변 동기들은 "뭘 그렇게까지 하냐?", "넌 시간이 많구나? 이런 책까지 보고" 말하기도 했지만, 나는 오히려 기분은 나쁘지 않았다. 이런 노력이 언젠가는 내게 큰 뒷배가 되어줄 수 있을 거라고 확신했기 때문이다.

실제로 대량의 불량 발생 등으로 이른바 사고가 났을 때 고객사 대응이나 내부에서 전략을 수립할 때 큰 도움이 됐다. 아무리 영업 일을 하는 사람이지만 그렇다고 법무팀이나 변호사 말만 듣고 반박 이메일을 쓸 수는 없었다. 영업 담당도 어느 정도는 법무적인 내용을 알아야 한다. 그래야 오히려 말도 안 되는 실수를 막을 수 있다. 무심코 던진 말, 타이핑한 글귀가 나에게 어떻게 다시 돌아올지 모르니까. 또한 전체적인 상황을 팀장에게 보고해야 하는데, 내가 잘 모르거나 석연찮은 부분을 그대로 둔 채 보고한다면 머지않아 바닥이 드러나게 된다. 나는 이렇게 되는 것이 너무 싫었다. 그래서 나만의 성취를 조금씩 쌓아나가게 됐다.

시간이 지나 어느 순간, "그 부분은 김 대리한테 물어봐", "그 친구가 얼마 전에 비슷한 사고를 다뤄봤어. 잘 알거야"라는 평을 듣게 되고, 팀에서도 확고한 팀원 A의 위치에 서게 됐다.

에이스가 된다는 것은 어떤 의미일까? 단순히 하루의 일과를 무사히 보내기 위해 자기계발을 하고 작은 성취를 쌓아나가는 것도 있다. 이것도 무시하지 못한다. 하지만 3년, 5년, 10년 후 직장인으로서 가치를 높이는 것이 궁극적인 목표일 것이다. 단지 위에서 내려오는 일만 쳐내고 '오늘도 무사히'를 외치는 삶의 태도로는 당신이 그렇게 탐탁지 않아 하는 이 직장생활마저도 끝내 오래갈 수 없을 것이다. 작은 일상업무부터 긴 호흡을 가져가야 하는 큰 프로젝트까지 자신만의 성취 목록을 만들고 하나씩 격파해 나가자. 에이스로서 써내려간 당신의 경력기술서는 당신이 새로운 것에 도전하고 겪어온 발자취가 속 빈 강정이 아님을 말해줄 것이기에.

## 3장

# 너무 열심히 하려고는
# 하지 마라

# 회사는 부정적인 사람을
# 싫어 한다

취업준비생 시절을 떠올려 보자. 정말 얼마나 많은 회사에 입사지원서를 냈던가. 그렇다고 면접 보러 오라고 하는 데는 가뭄에 콩 나듯 하니, 면접만 보게 해줘도 감사할 따름이고. 하루에도 몇 번씩 '나는 왜 안되는 거야? 친구들은 하나씩 둘씩 취업 성공해서 자기 갈 길 찾아가는데…' 그러다가 '나는 정말 안 되나 봐'라는 생각이 들 때면 다 때려치우고 싶은 마음도 든다.

세상의 온갖 부정적인 마음이 내 몸과 마음을 휘감기도 한다. 나도 예외일 수 없었다. 역시나 학점 관리나 취업 준비를 소홀히 한 업보로 인해, 수십 번의 서류전형 불합격, 몇 번 되지 않는 면접의 기회에서 낙방에 낙방을 거듭했다. 친척 어른이 운영하는 식품공장에서 일하게 해달라고 부탁해볼까 하는 생각까지 했다. '안 되면 그거라도 해야지' 하면서.

20여 년 전 비가 적지 않게 내리던 늦가을 날, 거센 압박면접을 마친 후, 지칠 대로 지친 몸과 마음을 이끌고 근처 사는 대학 동기를 만났다. 둘이 술잔을 기울이면서 신세 한탄을 늘어놓고 있었다. 그 친구 하는 말이, 어떤 다른 대학 동기의 전화를 받았더란다. 요지는 "회사를 몇 군데 최종 합격했는데 어디를 가야 할지 몰라서 조언을 구하고 싶다"라고 물었다고 한다.

이건 조금 심하지 않나 생각했다. 염장을 지르는 것도 도를 넘었다. 이건 자랑하려고 전화한 것으로밖에는 이해되지 않았다. 그 동네 친구도 구직활동을 하면서 뜻대로 잘되지 않아 너무나도 심란한 상황이었는데, 이런 전화까지 받으니 마음이 더 착잡했을 것이다. 이렇듯 나 아닌 타인에 의해서도 나의 부정적인 마음이 더욱 커지게 된다. 그렇다면 나부터 우선 긍정적인 관점과 태도로 나를 먼저 지켜야 한다. 그런데도 나는 당시 항상 우울감이 디폴트(기본설정)가 되는 심리상태가 1년 가까이 계속됐다. 겉으로는 내색하지 않는 부모님의 배려조차 더 큰 부담이 되는 상태, 이게 바로 그 당시의 모습이었다.


참으로 우여곡절 끝에 평소 하고 싶었던 일을 할 수 있는 회사에 합격하게 됐다. 자세하게 말할 기회가 있을지 모르겠지만, 지금은 세상에 없는 회사다. 어쨌든, 한 팀의 막내 사원으로 일하게 된 설렘과 희망 섞인 기대로 사회생활을 시작하게 된 것이다. 일단은 취업 스트레스에 벗어나는 것만 해도 날아갈 듯 기뻤고 뭐든 할 수 있다는 마음까지 생겼다. 그간 마음에 품었던 부정적인 생각들은 떨쳐버리고 새로 태어난 사람처럼 살리라, 했다. 하지만 쉽지 않았다. 다들 비슷한 처지니 알 수 있을 것이다. 온갖 크고 작은 난관과 시련이 매일 펼쳐졌으니까.

"이거 한번 해볼래요?" 팀의 바로 위 사수 J 대리님이 물었다. 나는 "네, 물론이죠. 무조건 다 할 수 있습니다"라고 호기롭게 대답했다. 사수가 씨익 웃으며 파일 하나를 나에게 건넸다. 표지에 적힌 연도를 보니 그 당시로부터 3년 전의 것이었다. 나에게 주어진 일은 쉽게 말하면 거래처로부터 받아내지 못한 자잘한 액수의 악성 미수채권을 상대방에게 다시금 알리고 (라고 쓰고, '독촉하고'라 읽는다) 돈을 받아내는 것이었다. 모두 합하니 23개 정도의 청구 건이었고, 당시 담당자의 고뇌를 심하게 세게 눌러 쓴 펜 자국을 보면서 알 수 있었다. '내가 이걸 할 수 있을까? 일단 큰소리는 쳐 놨다만…'

다행히 그 사수가 차가운 말투지만, 처리 절차에 대해서는 상세하게 잘 알려주셨다. 그러면서 한마디 덧붙였다. "이걸 전부 받아내면 베스트지만, 일단은 하는 데까지 해보세요." 이 말을 들으니 조금은 안도감이 생겼다. 그렇다고 안일하게 이 일을 처리할 수는 없는 법. 이 업무는 일종의 이력(History)을 파악하는 것이 전부라고 할 수 있었다. 아무리 평소 눈치 없는 나였지만 이건 대번에 알 수 있었다. 일이 시작되었고, 사수뿐만 아니라 팀장님까지 우리 팀의 모든 선배에게 시간 날 때마다 '이게 어떻게 진행된 일인지'를 들었다. 이야기를 들으면서 점점 깨닫게 됐다. 사수가 이 일을 나에게 시킨 이유를. 바로 팀의 최근 3, 4년간의 히스토리를 알게끔 하려고 했던 것이었음을. 하루빨리 팀 업무에 적응하게 해준 것에 감사함을 느꼈다.

하지만 그 성과는 절반을 조금 넘은 정도였다. 결국 미결 건으로 다시 넘기게 된 상황이었으니. 그래도 어떤 질책이나 부정적인 피드백은 받지 않았으니, 다행이라고만 생각했다. 다만, 몇몇 거래처(고객사)와의 협의 과정에서 평소 욱하는 성격을 조금 노출시킨 점에 대해서는 팀장님에게 지적을 받았다. 아무리 영어로 쓴 이메일이라도 내 감정이 어떤지 다 알 수 있었다고 하시면서 말이다. 앞으로 글을 쓸 때도 마음을 어떻게 다스려야 하는지 배우게 된 좋은 기회였다.


당시 옆 팀에는 나보다 한 기수 먼저 입사한 또래 신입사원이 있었다. 평소 똑똑하고 다소 차가운 이미지의 사람이었는데, 조금은 친해지기 어려운 그런 사람이었다. 대화를 조금 나눠보면 냉소적이라는 느낌을 받고는 했는데, 어느 날 그 팀의 팀장님이 하는 소리가 내게도 들려왔다. "그래서 안 하겠다는 거야? 못하겠다는 거야?" 이 말이 나오면 좋은 상황은 아니라는 것이다.

"그게 아니고요, 팀장님. 제가 이걸 하기에는 무리가 좀 있다는 걸 말씀드리는 겁니다"라며 그 사원이 대답했다. 둘 다 언성이 높아졌기에 나도 분명히 들을 수 있는 대화였다. "일단 해보고, 안 되면 다시 이야기해!" 하면서 그 팀장님은 자리에서 일어나 밖으로 나갔다.

내 입사 동기 한 명이 그 팀에도 있었기 때문에 자초지종을 들을 수 있었다. 우리 팀에서 내가 비슷한 시기에 받은 그 건과 같은 업무지시였던 것이다. "와, 주니어급 주제에 팀장 업무지시를 반사한 거야?"라며 동기들끼리 수군댔다. 하긴 늘 무슨 말만 하면, "그게 되겠어? 그거 안 돼"라는 말을 버릇처럼 내뱉는 사람인지라, 요즘 말로 "○○가 ○○했네!"라는 반응이었다. 사실 그 일은 그 팀장님이 직접 처리했더라면 훨씬 짧은 시간에 결론이 날 수 있던 사안이었다. 나의 사례와 비교해보면 결국 그 팀원은 팀 업무의 가장 중요한 근본이 되는 팀의 역사를 알게 될 기회를 놓치게 된 것이다.

회사는 같은 자리에서 정체되는 것을 극도로 꺼린다. 그리고 정체된다는 것은 긍정적인 마인드가 몹시도 결핍되어 있음을 의미한다. 또한 회사는 지금 잘 되고, 잘 나갈지언정 항상 불안하고 예측할 수 없는 미래를 대비하고 싶어 한다. 마치 시간이 지나면 껍데기를 벗고 몸집을 키우는 갑각류와 같더란 말이다. 껍데기를 벗어내지 않으면 성장할 수 없을 뿐만 아니라 생명에도 위협이 된다는 것을 잘 알 것이다.

하물며 위기 속에 있거나 사세가 기울어가는 경우에는 더욱더 어떤 돌파구를 만들기 위해 직원들을 몰아세운다. 그래서 직원들에게 무언가 새로운 먹거리와 기회를 찾고 발전시키기를 원한다. 당장에 맡은 현업을 쳐내기도 바쁜 마당에 무슨 새로운 걸? 하지만 그러다가는 또 "그래서, 안 하겠다는 거야, 못 하겠다는 거야?"라는 말을 듣게 될 것이다.

그렇다고 이렇게 부정적인 태도를 일관하면 크고 작은 충돌을 예상할 수밖에 없다. 월급을 받고 그 시간을 회사에 대가로 제공하는 직장인의 입장에서 그 시간 동안은 회사의 노예이니까. '하라면 해야지, 뭐 어쩌겠어?'라는 마음이 들기도 하지만, 어차피 할 거라면 조금 더 긍정적인 마인드로 접근해야 하지 않을까?

　이상하게도 나는 몸담았던 회사들 속에서 뭔가 새로운 제품, 새로운 사업을 찾고 구상하는 업무를 꼭 '곁다리 업무'로 하고는 했다. 옆에서 보기에는 '쟤는 요즘 뭘 하길래 자꾸 부사장님 방에 불려가는 거야?'라고 생각하게끔, 꼭 그랬다. 주로 그 회사의 대표이사나 임원들이 직접 나를 불러서, '이거 한번 검토해보자'라는 말을 시작으로 그런 일을 했던 것이다. 나는 오히려 오버해서라도 '득달같이 열심히 하자'라는 생각이었다. 일단 회사의 경영층에서 관심이 큰일이니까 회사가 바라는 방향에 대해서도 누구보다 빨리 알 수 있었고, 내가 나중에 내 일, 내 사업을 하더라도 지금의 업무가 도움이 되리라 생각했기 때문이다. 안 된다고 생각하고 이런 일을 할 수는 없었다. 백 가지 중에 한두 가지라도 실제 진행할 수 있다면, 내 임무는 완수된 것이라 여겼다.

　항상 긍정적인 마인드로 상황과 대상을 바라봐야 그 사업, 그 제품의 가능성을 포착할 수 있으리라 믿었다. 긍정적인 마인드가 그 업무에 대한 애정을 낳고, 그 애정이 열정으로 변화하는 것을 여러 번 느껴왔으니까. 비록 본인들이 만든 것은 아니지만, 마치 마케팅 업계나 광고 업계 사람들이 어떤 제품에 대한 애정을 가져야, 훌륭한 전략과 광고 카피가 나오듯 말이다.

　회사는 부정적인 마인드를 가진 사람들을 싫어한다. 시작도 하기 전에 안 된다고 하면 누군가는 이렇게 물을 것이다. "해봤어? 해봤냐고?"라고 말이다. 시작을 멋들어지게 하고, 그 과정을 올바르게 이끌어가기 위해서는 일단 긍정의 마인드로 그 일을 대하는 것이 우선이다. 얕은 개울가를 뛰어넘기 위해서는 '건널 수 있다'라는 자기암시가 필요한 것처럼. 더군다나 그보다 더 먼 곳을 바라봐야 그나마 목표하는 선을 뛰어넘을 수 있을 것이다. 또한 긍정적인 시각은 사람들과의 관계에서도 힘을 발휘한다. 당신의 표정을 더 밝게 해줄 것이고, 인사를 나누고 커뮤니케이션을 할 때 당신의 태도와 언행을 빛나게 해줄 것이다. 마인드를 갖추는 것이 쉽지 않다면 겉부터 바꾼 것도 좋다. 웃으며 인사하고, 밝은 얼굴로 감사를 표하자. 그 에너지가 상대방에게 고스란히 전달될 테니.

# 이 회사에 지원한
# 동기를 기억해보자

취업 활동에서 구직자와 회사의 관계는 마치 플러팅(Flirting)을 주고받는 남녀 사이와 같다. 마음에 드는 이성에게 그 사람이 듣고 보기 좋아할 만한 말과 행동을 하는 것이니까. 입사지원서에 '지원동기'를 쓸 때나, 면접을 보면서 면접관들에게 했던 말을 기억하는가? 마치 플러팅하는 것처럼 온갖 좋은 말이나 앞으로 어떻게, 열심히, 잘할 것인지 어필했을 것이다. 누구나 그러하다. 일단 붙고 봐야 가든 말든 고민할 것 아닌가? 물론 남녀 사이의 실제 플러팅과는 달리 일방적이긴 하지만, 그때만큼은 진심으로 면접에 임했을 것이다. 그러다 내가 합격한 회사가 둘 이상이 되는 순간, 칼자루는 나한테 넘어오게 되고, 그 플러팅은 없었던 것이 되고 만다. 많진 않지만, 나부터도 가끔 경험해본 일로서, 너무나 통쾌한 일이 아닐 수 없다.

지원한 동기에 대해 질문받았을 때 어떻게 대답했는가? 일반적으로 면접관이 지원동기를 묻는 이유는 사실 회사에 대한 당신의 생각을 묻는 게 아니다. 왜냐하면, 회사에 대한 당신의 의견, 판단 또는 기대치를 묻는 것으로는 당신을 제대로 평가할 수 없기 때문이다. 더군다나 평가를 당하는 건 당신이지 회사가 아니다. 즉, 당연하게도 회사가 사람을 채용하는 과정에서 회사는 그 자체를 평가의 대상으로 놓지 않는다는 것이다. 그래서 오히려 지원동기는 당신에게 맡길 직무와 관련이 깊다. 즉, 회사가 제시한 '모집요강'이나 'R&R(Role & Responsibility : 역할과 책임)'이 당신의 경력(신입의 경우, 그간 공부하고 경험해온 것들)과 맞는지 살펴보고자 하는 것이다. 그러니, 혹시나 "회사가 제공하는 제품 또는 서비스가 향후 시장성이 높고 유망한 것 같아 지원했습니다"라는 어리석은 답은 제발 하지 말자. 지원동기는 '나'와 '내 역량'을 중심으로 말해야 한다.

그렇다면 지원동기를 다시금 되새겨보라는 의미는 무엇일까? 업무적인 측면으로는, 회사에 들어가서 지금까지 전문성을 갖추기 위해 얼마나 노력했는지 돌아보자는 것이다. 내가 들일 수 있는 시간과 노력은 한정되어 있다. 그 정해진 시간 동안 얼마나 내가 하는 일의 핵심가치나 필수로 갖춰야 하는 스킬들을 얻기 위해 노력했는지 살펴보자는 의미다. 한마디로 그간 잘 배워왔는지 뒤돌아보자는 것임을 기억하자. 회사는 직원들이 그 회사를 위해 자신을 계발하는 것을 당연시한다. 더군다나 그럴 시간도 줄 생각도 없으면서 바라기만 한다. 하지만 그렇게 안 하면 안 된다는 건 누구나 다 알 것이다. 아무리 이렇다 해도 일단 회사가 바라는 당신의 모습과 당신이 바라는 회사의 모습이 어느 정도는 방향이라도 맞아야 계속 다닐 수 있는 것 아니겠는가?

내가 처음으로 한 팀의 팀장이 된 그해, 새로운 기수의 신입사원 무리가 내가 있는 층의 입구를 열고 저벅저벅 발소리를 내며 들어왔다. 우리팀은 신생팀이기도 하고 아직 일도 많지 않아 이번 기수의 직원들은 모두 다른 본부, 팀으로 배치될 것으로 이미 알고 있었다. 다만, 나는 신입사원 교육 프로그램에서 2과목의 강사를 맡고 있었으므로, 그들을 꽤 오랫동안 가까이서 마주할 수 있었다.

한 친구가 다른 면에서 많이 기억이 난다. 수업 중 적극적으로 참여도하고 이른바 내가 장난스레 하고는 했던 'Pop Quiz(돌발 쪽지시험)'에서도 늘 좋은 점수를 내던 사원이 있었다. 사실 3차에 걸친 면접전형 때, 나도 면접관으로 들어갔었기 때문에 그 친구가 프레젠테이션 면접을 얼마나 잘했는지, 날카로운 질문에 어떻게 잘 대답했는지도 알고 있었다. 속으로 '저 사람은 참 잘하네. 합격할 것 같네'라고 생각했을 정도로 좋아보이는 친구였다.

내가 맡았던 교육과정이 끝나고 나는 그 팀의 팀원 중 나와 친했던 한명에게 그 친구가 잘 적응하고 있는지 물었다. 나름 내가 겪은 것들만 보면 당연히 그 친구는 잘하고 있을 것이라 예상했는데, 실상은 전혀 딴판이었다. "그 친구, 반응이 없어요, 반응이…." 뭘 시켜도, 뭘 물어봐도 아주 천천히, 무기력한 표정으로 자신을 바라본다는 팀원의 대답이었다.

"날이 갈수록 더 한 거 같아요. 답답해서 미치겠습니다."

정말 의외였다. 면접과 교육과정으로 이어진 기간의 모습과 실제 팀으로 배치된 후의 모습이 전혀 다른 사람처럼 느껴졌을 정도니. 그 신입사원을 채용하기로 할 때까지 검토와 고민을 한 사람들의 노력과 시간이 허무하게 느껴졌다. 나중에 들어보니, 석 달도 안 된 시점인데 이미 사직서를 냈다고 한다. 초봉도 당시 업계에서 많이 주는 편이고, 면접을 거듭하면서 사람들을 보니 '꽤 좋은 회사' 같아서 입사했더란다. 하지만 시간이 지날수록 업계도, 회사 분위기도 자신과 맞지 않는다고 느꼈다고 한다. 당시 마지막을 어떻게 장식하고 퇴사했는지는 같은 팀이 아니라서 상세히 알지는 못한다. 소문에는 전문 자격증을 따기 위해 늦은 나이에 공부를 시작했다고 했다. 본인의 결정이므로 전적으로 공감하고 존중해주기로 마음먹은 기억이 난다. 어쩌면 적성과 상관없이 회사에 남아 세월을 보내고 있는 사람들보다 더 용기 있고 지혜로운 사람이라고 생각한다. 그는 회사에 지원한 동기를 계속 머릿속에서 생각했을 것임이 틀림없다.

가끔은 지금 자신이 하는 일이 내 성격, 취향에 맞는지, 그리고 어떤 면, 어떤 지식이 모자란지 점검해볼 필요가 있다. 시간은 내가 생각한 것보다 훨씬 빠르게 흘러간다. 만에 하나 이 일이 나와 맞지 않는다고 느낀다면? 빠른 손절도 답이 될 수 있다. 그건 회사를 위해서도 나쁜 건 아니다. 그저 받을 수 있는 최대치의 연봉을 여기서 받고 있으니, 이것저것 다 무시하고 계속 다니는 건, 서로에게 좋지 않다. 특히 당신에게는 더 좋지 않다. 시간은 쏜살같이 지나가지만, 그렇다고 돈만 보고, 나머지는 등한시한 채 현실에 안주할 수는 없지 않을까?

사실 나도 첫 직장에 입사한 지 1년 정도 흘렀을 때, 갑자기 현실 자각 타임이 왔던 적이 있다. 뭘 해도, 무슨 말을 들어도 시시했고, 의욕이 자꾸만 쪼그라들어, 일이 손에 잡히지 않았다. 그러다 보니 자잘한 실수가 늘었고, 사수나 팀장에게 몇 번이나 안 좋은 소리를 듣게 됐다. 꼭 사람 부끄럽게 남들 다 들을 만한 큰 소리로 사람을 뭐라고 하니 더더욱 부정적인 생각만 늘어갔다. "요즘 왜 그래? 어디 아픈 데 있어? 아니면 집안에 무슨 근심거리라도 있는 거야?"라고 묻는 팀장님의 말에 무심코 한마디를 던졌다. "요즘 통 의욕이 생기질 않습니다"라고 어리석게도 절대로 해선 안 될 말을 하고 말았다.

"의욕은 생기는 게 아니라 만드는 거야. 나도 매일매일 마음 고쳐먹고 출근하는걸. 아침에 눈 뜨면 출근하기 싫잖아, 여러 가지 이유로…" 팀장님 말씀이 맞았다. 남에게 돈을 받고 일하려면 의욕과 의지가 필요했다. 또한 '마음을 고쳐먹는 것'이 바로 의지를 바로 세우고, 열정을 다시금 '세팅' 하는 것임을 알게 됐다. 팀장님과 이 주제를 가지고 깊은 대화를 나누진 못했지만, 그 짧은 대화 속에서 나는 깨달았다. 의지는 일부러 만들어야 함을, 그리고 직장에서는 누구나 없는 의지를 쥐어 짜내며 살아가야 한다는 것을.

감정의 측면에서 지원동기를 뒤돌아봐야 하는 이유는 나의 초심과 열정을 점검해보기 위해서이기도 한다. 현실을 자각하는 타임을 극복하고자 한다면, 그리고 너무 자신의 몸과 마음을 갈아넣으면서까지 직장생활을 하지 않으려면 말이다. 즉, 기본으로 돌아가(Getting Back to Basics), 필요한 부분에만 열정과 에너지를 '빔(Beam)처럼' 쏴서 집중시키는 것이 필요하다. 처음 들어올 당시의 열정과 에너지를 지금 이 순간에도 똑같이 내놓으라는 말은 하지 않으련다. 그렇게 하기 어려우니까. 하지만 그렇더라도 할 수 있는 만큼의 노력은 해야 하지 않을까? 이건 단순히 회사와 나와의 관계에서 나오는 문제만은 아니다. 당신 본인의 인생을 만들어감에 있어 항상성을 유지하고 지금보다 나은 미래를 위해서다. 앞으로 어떤 일을 하면서 살든 자신이 직접 부여한 동기를 스스로 무너뜨리는 어리석음은 저지르지 않았으면 해서 하는 말이다.

더군다나 사람의 마음은 변할 수 있어도 회사가 요구하는 워크에식(Work Ethic)은 항상 변치 않는다는 것이 문제다. 주로 스포츠에서 많이 언급되는 이 말은 간단히 '직업의식'으로 이해하면 된다. 프로 스포츠선수들은 일반인들과 비교할 수 없을 만큼 많은 돈을 받고 일한다. 그래서 그 많은 돈을 받는 만큼 더 철저한 직업의식을 갖출 것을 요구받는다. 그깟 월급 얼마 받으면서 워크에식을 운운하는 것이 우스워보일 수도 있다. 그러나 회사라는 건 직원들에게 주는 금전적인 가치와 동등하거나 훨씬 상회하는 대가를 요구하니, 업무를 대하는 태도에 대해 강조하는 것이다.

하지만 여기서 우리는 회사를 생각하지 말고, 본인 자신만을 생각하

자. 즉, 나 자신의 미래를 위해 직업의식을 높일 필요가 있다는 것이다. 입사 당시의 하늘을 찌를 듯한 의욕, 내가 잘할 수 있다고 얼굴도 처음 보는 사람들 앞에서 선언한 그 '입사동기'에 대해 다시금 뒤돌아보자. 그리고선 가끔 '나 잘하고 있나? 역시 잘하고 있지?'라고 하면서 점검해보기 바란다. 회사는 언제든 남남이 될 수 있는 사이지만, 결국 내게 남는 건 나만의 역량과 마인드셋이다. 이들은 항상 나를 따라 다니면서 지금의 나를 만들어 남들에게 보여준다. 이런 되새김(자기 피드백)을 되풀이해서, 장점은 키우고 단점을 조금이라도 줄여나가자. 자기 자신에 대한 동기부여가 그 누구의 말과 격려보다 강력함을 잊지 말자. 이렇게 하다 보면 10년, 20년 후 미래의 나는 지금보다 월등히 나은 사람이 되어 있을 것을 확신한다.

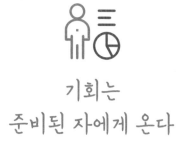

# 기회는
# 준비된 자에게 온다

'기회는 준비된 자에게 온다'라는 말은 너무 진부하다고 생각했다. 이 말이 언제부터 사람들 입에 오르내리고, 얼마나 많은 지면을 차지해왔는지 알 수 없을 정도다. 심지어는 동양의 주요 고전에도 등장하는데, "수도선부(水到船浮 : 물이 차면 배가 저절로 떠오른다는 뜻으로 실력을 쌓아서 경지에 다다르면 일이 자연스럽게 이루어짐을 이르는 말, 출처 : 국립국어원 우리말샘)"라는 사자성어도 존재한다. 이 사자성어를 아는 사람은 많지 않겠지만, '준비된 신입사원'이나 '준비된 핵심인재' 등 입사지원을 위한 자기소개서에서 이 '준비된'이라는 단어를 많이들 사용하고 있을 것이다. 한마디로, '나를 뽑으면 당신네 회사는 세상 좋은 기회를 잡는 거야'라고 어필하는 의미로.

나는 해외 영업을 20여 년 해왔지만, 세 번의 이직을 하면서 각각 다른 제품을 다뤄왔다. 그래서 이직할 때마다 "우리 회사 제품은 영업해본 적이 없는데 잘할 수 있겠어요?"라는 질문을 늘 받아왔다. 처음 이 질문을 받았을 때는 지원자에게는 그렇게 좋은 질문이라고 생각하지는 않았다. 아닐 것 같으면 아예 면접에 부르지 않으면 되니까. 하지만 우려 섞인 마음에서 물어본 것이라 짐작하고는 했다. 또한 한 번도 다뤄보지 않은 제품이더라도 어떤 방식으로 자신만의 영업을 일구어나갈 것인지 자신만의 계획과 포부를 면접관들에게 펼쳐보이라는 의미로 이해해왔다. 여하튼 면접볼 때는 논리가 뒷받침되는 자신감이 제일 중요하다.

'해외 영업'이라는 직무는 어떤 제품, 상품을 팔더라도 결국에는 고객의 문제를 해결해주는 것이 가장 중요하다고 본다. 물건만 팔려고 고객에게 덤벼들면 그들은 이내 뒷걸음질치기 마련이다. 더군다나 아직 써보지도 않은 제품을 자꾸만 '좋으니까 사세요'라고만 하면 길거리에서 호객하는 것과 다를 바 없지 않나? 잠재고객 입장에서는 본인의 문제점이나 고충(Pain Points)은 들으려 하지 않고 자기 할 말만 하면 더 이상은 대꾸하기도 싫어진다. 요즘은 이렇게 영업하면 절대 먹히지 않는다. 생각해보면 간단하다. 내가 거래하고 물건을 팔고 싶어 하는 그 잠재고객사의 담당자들도 이제는 MZ세대(영어권에서는 주로 'Gen Z(Generation Z)'라고 칭하더라)니까. 전화기피증(콜 포비아 : Call Phobia)이란 용어도 심심찮게 들리는 요즘이다. 내가 먼저 관심을 가지고 먼발치에서부터 제품을 살펴보는 구매 스타일이 요즘의 세태다. 그래서 어느 정도는 거리를 지켜가면서 접근해야지, 자꾸 무턱대고 그 선 안으로 들어가려 하면 오히려 도망간다. 옛날

방식의 영업은 이제는 절대로 통하지 않는다는 것을 명심하자.

　나는 지금껏 매월, 매년 특출난 영업 성과를 내는 사람은 아니었다. 전설이 될 만한 해외 영업 전문가는 다른 곳에서 찾기를 바란다. 하지만 나는 내가 목표로 하는 고객들의 관심사와 고충을 알려고 노력했고, 그들을 위해 제품을 개선하고 새로이 기획하는 데 집중해왔다. 그 고객사가 요즘 어떤 것에 관심이 있고 새롭게 어떤 사업을 구상하고 있는지에 대한 정보를 꾸준히 수집한다. 요즘에는 B2B 해외 영업을 돕는 웹서비스나 모바일 애플리케이션이 많이 나와 있다. 이런 새로운 기술이 적용된 프로그램들을 새롭게 써보면서 신규 고객이 될 만한 회사들의 동향과 관심거리들을 계속 지켜보는 것이다. 실제로 몇 년 전 수년간 공들여 온 몇 개의 고객사로부터 새로운 수주를 하게 된 것도 결국에는 평소 이들에 대한 정보에 관심을 기울이고, 그 담당자들에게 맞는 콜드 메일링이나 뉴스레터를 포기하지 않고 보낸 결과다.

　이런 나의 이야기를 보고 느꼈겠지만, '준비한다'라는 것은 오랜 시간과 노력을 의미한다. 긴 호흡이 있어야 한다. 그러다 정말 짧은 순간에 '기회'로 변신하는 법이다. '중요한 건 꺾이지 않는 마음'이라고 했던가. 기나긴 준비의 시간을 무색하게 만드는 것이 중간에 포기하는 것이다. 100번을 거절당해도 한 번만 주문을 받아도 대성공이라는 마인드로 다가서야 하겠다. 결국 기회를 잡는다는 것은 포기하지 않은 사람에게만 주어지는 일종의 도전 배지(Challenge Badge)인 것이다. 이 배지를 하나둘씩 모으다 보면 당신의 분야에서 네임드가 될 가능성이 매우 높아질 것이다.

또 다른 관점에서 '준비하는 것'에 대해 말하고 싶다. 보통 어떤 물리적이고 눈에 보이는 준비를 기본적으로 많이들 떠올린다. 하지만 내가 중요하다고 생각하는 준비는 바로 마인드셋을 바로 잡는 것이다. 이 책을 골라서 읽게 될 정도의 의식을 가진 당신이라면 굳이 내가 어떤 것을 준비하고, 어떤 스펙을 새로 쌓고, 이런저런 책을 읽으라고 하는 것이 별 의미가 없어보인다. 알아서 잘할 사람이기에. 그래서 다른 관점에서, 기회를 알아보고 그 기회를 잡을 수 있는 용기가 제일 중요하다고 믿는다.

직장생활을 하면서 처음으로 '승진'이라는 것을 해본 직후, 아시아 어느 도시의 지사에서 일할 주재원을 선발한다는 소문이 돌기 시작했다. 중국은 아니었기 때문에 내가 그간 과외공부처럼 해 온 중국어를 쓸 기회는 없었다. 있더라도 갓 기초 수준을 넘어선 실력으로는 아무 의미 없었겠지만…. 영어가 기본이 되어야 하는 자리였고, 나도 어느 정도는 동기 중에서도 자신 있었기 때문에 나는 호기롭게도 내가 적임자라고 생각해버렸다.

준비는 완벽하게 되진 않았더라도, 이제는 용기를 내야 할 순간이라고 직감했다. 회사마다 다르겠지만 해외 주재원에 선발, 파견되는 것은 본인에게도 어느 정도는 용기가 필요하다. 선발 과정에서 면접도 보고 평가도 받기 때문에 다시금 취업을 위한 과정을 다시 겪는 듯했다. 하지만 이건 그냥 과정이니 말 그대로 잘하면 되는 것이고. 그보다는 업무적으로 '과연 내가 잘해낼 수 있을까?'라는 불안함, 개인적으로는 '과연 내가 거기 가서 잘 살 수 있을까?'라는 걱정이 동시에 밀려들기 때문에 결단을 내리는 용기가 필요하다는 의미다. 주재원 경험이 있으신 분들은 알겠지만, 해외 생활의 설렘이나 낭만을 느낄 수 있는 곳으로 가는 것이 아닌 경우가 많다. 그리고 막상 어떤 좋은 곳으로 가더라도 몸과 마음이 지쳐 주말이나 휴가 기간에는 집 안에 처박혀 있는 경우도 꽤 많다. 이런 말을 들어봤을 것이다. '어떻게 주재원들이 이 동네를 더 몰라?' 간혹 본사에서 출장 오셨던 분들의 말이 이랬다. 인터넷으로 검색하고 온 사람들보다 더 모르는 경우가 부지기수이기에.

평소 가까이 지내던 인사팀의 K 과장님에게 가서 몇 가지를 물어봤다. 설립한 지 6개월밖에 안 된 지사인데 주니어급에서 무려 3명을 뽑는다는 것이었다. 이 소문을 나만 알았을까? 아니다, 나 빼고 다들 나보다 먼저 알고 있었다. 생각보다 훨씬 많은 사람이 가고 싶어 했다. 그러다 보니 나는 더더욱 가고 싶었다. 이제는 불안감이나 걱정은 오간 데 없이, '나는 반드시 간다!'라는 생각만 머리를 가득 채우고 있었다. 어쩌면 이 용기에 불을 붙인 것은 많은 지원자일 수도 있다. 경쟁심이 불안함을 떨쳐 버리게 해준 것이리라.

나는 선발 과정 내내 '나는 결국, 어차피, 반드시 간다'라는 생각으로 임했다. 취업 준비할 때 이런 마인드가 있었더라면 좋았을 것을… 어쨌든 결론을 말하자면, 주재원에 선발됐고, 몇 달 후 새벽 비행기로 한국을 떠나게 됐다. 당시 나는 꽤 많은 것들을 한국에 두고 갔다. 그러고는 어편 것들은 영원히 되찾지 못했다. 하지만 이후 나는 다른 두 나라의 주재원으로 살아가고 일하게 됐고, 그 주변의 수많은 나라와 도시를 일 때문에, 때로는 혼자만의 여행으로 다녀보게 됐다. 처음 주재원 선발 소식을 들었을 때 마음속에 스멀스멀 올라오던 불안감과 걱정을 용기로 누르고 과정에 임했던 것이 비결이라면 비결이 된 셈이다. 기회를 잡기 위해 억지로라도 용기를 낸 그때의 나를 지금도 칭찬하고 싶다. 내가 할 수 있다면 당신도 할 수 있다.

'기회는 준비된 자에게 온다'라는 말을 한 번도 들어보지 않은 사람은 많이 없으리라. 그런데도 이 말을 내가 어쩔 수 없이 쓸 수밖에 없는 이유는 나름 확고하다. 실력을 쌓고 혹시 일어날지 모르는 사고에 대비하는 것뿐 아니라, 마음의 준비가 함께 되어야 한다. 본인에게 살며시 다가온 기회를 알아보고 도망가지 못하게 잡을 수 있기 때문이다. 《인간관계론》이라는 사실상 최초의 자기계발서를 쓴 미국의 작가, 데일 카네기(Dale Carnegie)가 남긴 말이 있다. "인생을 바꿀 기회는 우리에게 보이지 않을 뿐 매 순간 찾아오고 있으니"다. 이렇듯 기회는 항상 찾아온다. 인생을 살면서 세 번의 기회가 온다는 말은 틀렸다. 오늘을 사는 동안에도 기회는 내게 다가왔다가 그냥 스쳐 지나갔을 수도 있다. 나부터도 아쉬운 점은 그 기회가 왔다 갔다는 사실도 모른다는 점이다. 이러면서 내 의식과 마인드셋을 더욱더 성장시켜야겠다는 다짐을 다시 한번 하게 된다.

조금 부족해도 좋다. 아니면 아직 안 된 것 같다고 생각해도 좋다. 다만 이렇게 생각만 하지 말고 그냥 부딪쳐 도전하기를 권한다. 오히려 준비가 조금 덜 됐더라도 일단 저지르고, 그 과정에서 마주치는 작은 실패를 통해 자신을 보완해 나가는 건 어떨까? 사실 지금까지 해 온 것들을 잃을 수 없어 주저하는 경우도 많을 것이다. 지나고 나면 부질없다. 나부터도 조금이라도 더 젊은 시절에 더 용기를 내서 행동으로 옮기지 않은 것들을 후회하고 있으니. 어렵사리 취업하고 직장생활을 해나가는 지금 이 순간에, '나는 왜 이렇게 인생이 잘 안 풀리지?'라고 생각하는 당신에게 가장 중요한 것이 있다. 바로 수많은 기회를 알아보기 위한 준비를 하고, '좋아! 계획대로 된다'라고 매일 자신에게 들려주는 것이다. 이게 다 기회를 잡을 용기를 자신에게 심어주기 위함임을 잊지 말자.

# 회사는 문제를
# 해결하는 사람을 좋아한다

우리는 매일 크고 작은 문제를 마주하고 해결하면서 살아간다. 다만 단순히 학생 때 시험 문제를 푸는 것 또는 단순히 어떤 물건의 고장을 수리하는 것을 의미하지는 않는다. 표면적인 의미와는 달리, 문제를 해결한다는 건 나에게 주어진 일들을 처리하고 일단락 짓는 결정을 하거나, 어떤 새로운 제품, 서비스나 사업을 검토하고 실행하기 위해 '판단하고 결정하는 것'을 의미하기도 한다.

인터넷을 조금만 검색해보더라도 '문제해결(Problem Solving)'에 대한 수많은 글이 쏟아진다. 직장인으로서 갖춰야 할 문제해결 능력에 대해 좋은 방향과 인사이트를 제시해주는 글들도 많다. 그런데 그런 글들을 많이 읽는다고 하더라도 과연 나는 실제로 어떻게 해야 하는지 감이 잘 오지 않는다. 그건 사람마다 상황과 형편이 다름에도 너무 범위가 넓거나,

반대로 너무 좁은 범위 내에서 설명하다 보니 그런 듯하다. 나에게 맞는 해결 방법은 무엇일지 알고 싶었다.

신입이나 주니어사원들의 입장에서 보자면, 가장 두렵고 피하고 싶은 것이 바로 '판단과 결정'이다. 어쩌면 결정을 하지 못하는 것이 아니라 하지 않는 것일 수도 있겠다. 결정하면 책임져야 한다고 생각하니까. 그런데 책임이나 권한도 없으니 결정할 필요도 없다는 생각이 들기도 한다. 통상 그렇다 하더라도, 내가 문제해결을 위한 조사, 분석, 의사소통을 진행했다면 결국 맞든 틀리든 어떻게 할지 결정을 해야 하지 않을까? 팀 내에서 당신의 위치나 업무 수준을 고려하자면, 당신이 내린 결정이 최종일 수는 없다. 상사, 팀장이 당신의 결정을 듣고, 자신의 경험과 권한을 동원해서 마지막 결정을 내릴 것이다. 아니면 당신 상사, 팀장의 결정은 그보다 더 윗선의 결정을 돕기 위한 가이드에 불과할 수도 있다.

이렇다 하더라도 어떤 사건이나 사고가 발생해서 위에 보고할 일이 있거나, 사소한 문서작업에 대해 보고를 하더라도, 해결책이나 다음 단계로 나아갈 결정에 대해 꼭 본인의 의견을 말해보길 바란다. 이는 당신이 후일 상급자가 되어 크고 작은 사람들의 무리를 이끌어갈 때 필요한 '디렉팅 능력(문제를 정확히 인식하고 해결 방향을 제시하는 능력)'을 키워줄 것이다.

신입사원 시절에 돌이켜보니, 나보다 2년 정도 먼저 공채로 입사한 한 선배님이 생각난다. 매우 차분한 성격의, 요즘 말하는 MBTI로 치면 E보다는 I의 비율이 압도적으로 높은 사람이었다. 말도 조용하고 나긋나긋

하게 하셨고, 뭔가 물어보면 친절하게 (다른 대부분의 선배와는 달리) 답해주셔서 나부터도 좋은 인상을 받고 있었다. 업무적으로도 직속 팀장이나 주변 사람들의 호평과 지지를 받는 사람이었으므로, 이분은 앞으로 잘 될 것이라고 예상했었다.

내가 주재원으로 본사를 떠나 있는 동안, 그 선배는 '아주 당연하게도' 팀장이 되었다. 나는 당시 그분의 인사발령 소식을 듣고, 그분이 반드시 해외 영업의 최전선에서 새로운 팀 하나를 맡아 큰 활약을 할 것이라는 기대를 했다. 하지만 1년이 채 되지 않아 팀장 자리를 내놓고 영업관리 부서의 팀원으로 가게 됐다는 이야기를 그분에게서 직접 들었다. 도대체 1년 사이에 무슨 일이 있었던 걸까?

그 선배는 팀장이 된 이후 본인이 직접 팀의 방향을 설정하고 매출을 어떻게 확보할 것인지에 대한 일부터 시작했다. 기존 팀에서 두 명의 팀원을 배정받고 의욕 넘치는 시작을 한 참이었다. 문제는 업계 특성상, 신생 팀을 운영한다는 것이 어찌 보면 무에서 유를 창조하는 것이었다. 기존 팀들의 영역을 침범하지 않으면서 자신만의 영업 네트워크를 만들어가는 힘든 작업이었다. 그러던 중 사고가 하나 터졌다. 큰 규모는 아니었다. 프랑스의 한 고객사로부터 약 50만 달러의 클레임을 받게 됐고, 이를 협상하고 해결해가는 과정에서 독자적으로 일을 진행하지 못하고 임원들의 지시만 기다리고 있었다. 이렇게 일의 주도권을 가져오지 못하다 보니, 경영진으로부터 '판단력이 부족하다' 또는 '문제해결 능력이 떨어진다'라는 평을 얻게 됐다. 이렇듯 팀원에서 팀장으로 역할이 바뀐 후 전혀 다른 평가를 받는 경우가 적지 않다. 다른 건 다 차치하더라도, 다시 팀원으로 돌아간다면 그 실패를 만회할 기회를 얻기 어렵다는 것이 뼈아프다. 하지만 재미있는 반전인 건, 그 선배는 돌아가게 된 위치가 훨씬 마음 편하고 좋다고 했다. 이로써 나도 마음이 놓였다. 자기가 좋으면 좋은 거다.

문제를 해결하는 능력은 사실 타고나는 것은 아니라고 생각한다. 그렇다고 많은 경험이 필요로 하는 것도 아니다. 사람이 하는 일이란 것이 대부분 일련의 프로세스가 존재한다. 우리는 노벨상을 받기 위해 뜻대로 안 되는 실험을 거듭하는 것이 아니지 않은가? 그래서 나만의 문제해결 과정을 템플릿(양식)처럼 만들어놓는 건 어떨까 한다. 어차피 지금 당신이 다루는 업무의 넓이와 깊이는 중대한 의사결정 능력을 요구하는 것이 아니다. 하지만 해를 거듭할수록 당신이 결정하고 해결해야 할 문제의 난이도는 높아질 것이다. 이때를 미리 대비해보자.

최근 B2B 해외 영업의 트렌드를 조사하던 중 우연히 문제해결을 위한 'Problem Statement(문제해결진술서)'라는 짧은 해외 동영상 교육자료를 찾게 되었다. 문제해결에 대해 간단하고 좋은 실천법이라고 생각해 소개하고 싶다. 누구나 아는 당연한 이야기일 수도 있으나 이런 사소한 것들도 정리해놓는 사람은 드물기에.

이 영상 자료의 요점은 문제해결진술서를 만드는 것이다. 그 순서는 이렇다.

1. 문제를 쪼개서 이를 구성하는 중요요소를 나열한다.
2. 이 문제를 해결하는 게 왜 중요한지 적는다. 이때 비슷한 문제를 해결한 사례와 실패사례가 있다면 큰 도움이 될 것이다.
3. 이 문제가 해결됐을 때 어떤 장점이 있는지 보고, 가능하다면 돈으로 환산해도 보자(실패했을 때 잃을 수 있는 금액으로 생각해도 좋다).
4. 이러한 해결책을 찾게 된 근거, 출처를 찾아놓자. 이는 내부 커뮤니케이션을 위한 것이다.
5. 해결책을 제안하고 진행 여부를 위한 결정을 내린다. 이때 중요한 점은 어렵고 긴말은 피하고, 간단하고 쉽게 읽히도록 만들어야 한다는 것이다.

문제를 해결하는 순서에 대해 간단하게 살펴봤다. 하지만, 이번에도 이전의 주제와 마찬가지로 마인드셋에 대한 이야기를 전하고자 한다. 문제라는 단어만 봐도 우리 마음속에서는 '피하고 싶고, 거부하고 싶은' 마음이 저절로 피어오른다. '포기하면 편해'라는 말이 정말 잘 맞는 것 같다. 하지만 문제를 회피한다는 건 마치 원 안에 갇힌 채 천장에 매달린 샌드백을 살짝 피했더니, 다시 내 등 뒤로 횡횡 날아오는 것과 같더라. 더군다나 직장생활하면서 맞닥뜨리는 문제는 부정적인 의미보다는 매일 내가 다뤄야 하는 업무 일부라는 의미로 받아들이는 것이 좋을 것이다. 아무런 힘을 들이지 않고, 쉽고 단순하게 처리할 만한 일이라면 당신에게 월급을 줘가며 시키지 않을 것이다.

우선 긍정적인 마음가짐으로 문제를 바라봐야 한다. '문제란 반드시 해결되기 위해 존재하는 것'이라는 마음으로 대해야 한다. 문제가 어떤 것인지, 무엇무엇으로 구성되어 있는지 아는 것으로 일종의 두려움을 없앨 수 있다. 미지의 대상에 대한 두려움은 누구나 가지고 있지만, 막상 마주하고 겪어보기 시작하면 아무것도 아닌 경우가 정말 많지 않은가?

직장인에게 문제를 해결하는 능력은 기본기이자 필살기가 될 수도 있는 영역이다. 즉, 누구나 다 공통으로 갖고 있어야 하지만, 이를 제대로 펼쳐내는 사람이 많지 않은 것도 사실이다. 앞에서 말한 디렉팅 능력이든 문제를 명확히 바라보는 힘을 키우는 데는 반드시 긍정적인 마인드를 가지고 있어야 한다는 점이다. 어떤 프로젝트, 사건, 위기상황이든 해결할 수 없을 것 같다는 생각으로 시작하는 건 어불성설이다. 되지도 않을 일을 왜 해야 하는가? 설령 안 된다고 생각하고 시작했는데 잘 됐다고 치자. 그로 인한 성취감이나 희열이 있어봤자 얼마나 될까? 무릇 무슨 일이든 내가 처음에 의도한 대로 끝나야 즐겁고 기쁜 것이다.

혹시 만에 하나, 지금 당신의 상황에서는 이건 도저히 해결할 수 없다고 판단할 때가 있다면, 이럴 땐 문제해결의 첫 단계에서 필요한 '문제를 정확히 밝히고 이를 구성하는 중요요소를 정리하는 것'만 잘 해보자. 이 대목에서 중요한 점은 절대 본인의 의견이 포함돼서는 안 된다는 것이다. 지극히 객관적인 시선으로 문제를 쪼개고, 다듬어야 한다. 이것만이라도 잘 정리해서 상사와 협의하더라도 첫 단추는 잘 끼우게 되는 것이니까.

내가 직접 결정하고 문제를 해결할 수 없는 상황이라면, 누군가를 위한 훌륭한 가이드를 해주는 것도 당신의 팀과 회사에는 좋은 일일 것이다. 처음부터 잘하는 사람은 없다. 나중을 위해서라도 해결을 위한 기본기를 잘 다져놓기 바란다. 그리고 마지막으로 항상 당신의 회사보다 당신이 더 중요하다. 앞으로 인생을 살아가면서 직장생활을 하는 동안 쌓은 판단력과 해결능력은 앞으로 다른 어떤 일을 할 때 큰 자산이 될 것이다. 자신을 성장시키는 것의 끝은 바로 '나'다.

# 학벌, 스펙을
# 이기는 방법

학벌이나 스펙은 극복할 수 없다고 말하는 사람들이 있다. 한 사람의 의견이라는 건 결국 본인이 살아온 세월 동안 쌓여온 경험과 지식을 반영한 것이니, 그런 의견을 존중한다. 굳이 반론을 제기할 필요성을 느끼지 않는다. 하지만 사람들에게 직접적, 간접적으로 큰 영향을 미칠 수 있는 누군가가 있다면 이야기가 조금 달라진다. 어느 중소기업 대표이사가 학벌과 스펙만을 가지고 직원들을 평가한다면, 아마 그 회사는 애초에 고스펙자들로만 채워져 있거나, 또는 반대로 사람을 채용하고 고용관계를 유지하기 너무 힘들어 인력난에 시달릴 것이다.

이미 당신은 한 회사의 입사전형을 헤치고 합격해서 그 회사, 부서의 당당한 일원으로 하루하루를 살아가고 있을 것이다. 어쩌면 이미 학벌과 스펙 때문에 차별을 느껴봤겠지만, 이를 극복하고 지금의 자리에 서

있는 경우도 있을 터. 하지만 들어와서 보니 그러한 선택받은 사람 중에서도 또다시 학벌과 스펙의 벽을 실감하고 있을 것이다. 더군다나 남들이 다들 좋다고 하는 대학이나 해외의 유명한 학교에서 석박사라도 딴 사람까지 있을라치면 위축되기 십상이다. 같은 말을 하더라도 더 신뢰가 가는 것 같기도 하고 왠지 그 사람의 언행에는 자신감이 넘쳐 보인다. 후광효과란 이런 것이다.

직장생활을 해나가면서 그 후광효과를 나도 한번 누려보자는 생각에 뭔가 해야 할 것 같다는 불안감을 느낄 수 있을 것이다. 그런데 생각해볼 것은 입사할 때 이미 정해져버린 학벌이나 스펙은 일종의 '첫인상'과도 같은 것이어서, 판을 뒤엎을 만한 해결책은 없어보인다. 나나 저 사람이나 이미 '그런 사람'으로 각인되어버린 상황이라는 점이다. 어쩔 수 없는 것은, 내가 손을 써볼 수 없을 때는 빠른 포기가 정답이다. 그렇다면 아예 방법이 없는 것일까?

마케팅 업무를 하는 사람들은 다들 알만한 내용이 하나 있다. 알 리스(Al Ries)와 잭 트라우트(Jack Trout)가 쓴 마케팅 부문의 베스트셀러 《마케팅 불변의 법칙(The Immutable Laws of Marketing)》에서는 이렇게 말한다.

"마케팅의 기본 사안은 당신이 최초가 될 수 있는 영역을 만들어내는 것이다. 이것이 바로 '리더십의 법칙'이다. 더 좋기보다는 최초가 되는 것이 낫다."

즉, 당신 제품보다 먼저 시장에 들어온 제품과 경쟁하려면 그들보다 좋은 제품을 만드는 것이 아닌, 그들에게는 없는 뭔가를 궁리해야 한다는 것이다.

회사에서 학벌과 스펙의 벽을 조금이라도 허무는 방법도 이와 비슷하다. 같은 것으로 경쟁하는 것은 이미 시작부터 불가능하다. 정해져 있고 바꿀 수 없는 것을 내가 무슨 수로 이겨낸단 말인가? 내가 유리하게 상황을 이끌어 갈 수 있도록 '틀'을 바꾸는 것, '싸움터'를 바꾸는 것이 중요하다.

이 책 2장의 두 번째 꼭지인 '다양한 경험이 위기의 순간에 기회가 된다'에서도 다뤘듯 '경험'이야말로 학벌과 스펙을 이길 수 있는 최고의 비책이다. 아니다. 비책이라고 할 것도 없이 공공연한 사실이다. 경험이라는 것이 그냥 휙 하고 스쳐 지나가는 것이 아닌 당신에게 어떤 깨달음과 노하우를 남겨줬을 것이기에.

다 거기서 거기인 일을 하는 신입사원, 주니어사원으로서 뭘 어떻게 해야 할까? 방법은 바로 위에서 내려오는 일만 처리하려고 하지 말고, 사소한 일이라도 할 수 있는 한 많은 업무 경험을 쌓기 위해 노력하는 것이다. 지금 당장 급하게 할 일이 없다고 멍하게 모니터만 쳐다보고 있지 말고, 선배나 상사에게 뭔가 더 할 일이 없는지 먼저 물었으면 좋겠다. 이는 윗사람들에게 좋은 태도를 보여 줄 수 있는 것뿐만 아니라(잘 보이기 위해서가 아니라 나를 위해서다), 실제로 그렇게 해서 팀 업무에 대한 관여도를 높일 수 있다면 결국 또 하나의 경험 포인트를 획득할 기회니까.

　요즘은 더 그렇지만 퇴근하는 순서는 직급이 낮을수록 빠르다. 내 신입사원, 주니어사원 시절에도 그랬다. "팀장님, 먼저 들어가 보겠습니다"라는 말이 퇴근 인사의 99%다. 최근에 직접 경험하고 있는 것이 '프렌치 리브(French Leave : 인사 없이 가버리기. 18세기 프랑스에서 손님이 주인 측에 인사 없이 돌아간 습관에서 유래)'다. 워라밸을 완수하기 위해 정시 퇴근을 하다 보니 아직 갈 생각들 없는 상사, 선배들에게 퇴근한다는 표시 없이 나가는 직원들을 간혹 본다. 미안하기도 하고 어색하기도 하니 그러려니 하고 생각한다.

　이런 상황을 좋지 않게 본다거나 비난하려는 마음은 없다. 하는 만큼 받는 것이 인간사이므로 충분히 이해하는 부분이기도 하다. '받는 만큼 일한다'라는 인간의 본성에서 나오는 것이리라. 하지만 팀 업무에 대한 관여도를 높이고 내 경험의 범위와 깊이를 높이기 위해서는 아무래도 조금은 아쉽다. 이보다는 가끔 "제가 할 수 있는 게 있으시면 알려 주십시오" 또는 "제가 더 할 것이 있을까요?"라고 묻는 건 어떨까? 이런다고 뭔가 또 일을 시키는 사람도 드물긴 하다.

　사실 팀장들도 팀원들이 다들 퇴근한 후 업무시간 중 해야 했던 것들을 처리하기 위해 퇴근시간을 넘겨 일하기도 한다. 낮에는 팀원들의 업무에 대한 검토나 피드백을 주기 위해, 그리고 각종 회의에 불려 다니느라 정작 자기 할 일은 못 하는 경우가 많아서 그렇다. 그래도 상사로서 더

해볼 수 있는 일이 있는지 묻는 팀원이 있다면, 참 보기 좋다. 심지어 그런 사람들의 눈빛에서는 자신감도 느껴진다. 뭘 시킬 줄 알고 이렇게 물을까? 어찌 되었든 당신은 퇴근시간 이후 벌어진 일들에 대한 스토리를 알게 된다. 그게 누적되면 당신은 학벌과 스펙을 넘어 지금 하는 업무에 대한 우위를 점할 좋은 기회를 얻게 되는 것이다.

나도 신입사원 시절 "먼저 들어가 보겠습니다"라는 말을 했다가, 엉뚱하게도 옆 팀의 부장님께 한 소리 들은 적이 있다. "너희 팀장이나 과장들은 다들 늦게까지 일하는데, 어떻게 너만 쏙 빠져나가냐?"라는 것이었다. 그러게 말이다. 눈치도 엄청 많이 보이고, 나부터도 입이 떨어지지 않지만, 겨우겨우 말하고 퇴근하려는 참이었는데. 그래서 그 이후 매일은 아니지만, 가끔 "제가 할 일이 없나요?"라고 묻고 자발적으로 일을 더 한 경우가 있다. 그러다 보니 팀 업무에 대한 전반적인 이해도가 높아졌다. 그리고 위에서 지시하는 내용에 대한 취지나 목표에 대해 전보다 쉽게 파악할 수 있게 됐다.

요즘 기업들은 자신들의 제품을 소비자에게 팔기 위해 그 제품만의 스토리를 만들어내는 데 열심이다. 말 그대로 '스토리텔링'이 잘 되어 있는 제품은 무미건조한 설명을 늘어놓는 제품보다 비교할 수 없을 만큼 잘 팔리기 때문이다. 어디 물건뿐이랴. 사람도 스토리가 중요하다. 어찌 보면 당신의 이력서, 자기소개서, 경력기술서도 다 시간 순서대로 쓰인 스토리라인이지 않은가? 한 회사에 입사한 이후에는 새로운 경기장에서 새로운 사람들(경쟁자들)과 지금과는 다른 게임을 시작하게 된 셈이다. 학벌, 스펙만 믿고 입사 이후의 새로운 게임에서 노력하지 않는 사람들은 당연히 뒷걸음치게 될 것이다.

아직 중요하거나 큰일을 담당하지 않은 당신이겠지만, 간접적으로라도 팀의 업무를 경험하고 조그만 부분에서 발을 담그고 있는 건 팀의 실적에 이바지하는 좋은 방법이다. 그리고 이 모든 것이 다 당신만의 스토리텔링을 구성한다. '무미건조한 설명'으로 가득한 학벌 좋은 사람의 스토리보다는 사람들이 공감하고 인상 깊게 느낄 수 있는 훌륭한 스토리를 가질 수 있는 지름길을 애써 외면하지 말자. '내가 여기서 받아봤자 얼마나 받는다고…'라고 생각한다면 몇 년이 지나도 그 돈을 받으며 불평할 것이니까.


정보화 시대, 4차 산업혁명 시대라는 거창한 용어를 접어두더라도, 한 사람의 개성과 창의성이 더욱 중요시되는 요즘이다. 예전의 가치 기준으로 보면 우리는 초·중·고등학교에서 성실하게 교과과정을 이수하고, 좋은 대학을 가서 좋은 직장에 다니기를 원했다. 또는 고시 합격이나 전문 자격증을 취득해서 남들보다 높은 수준의 삶을 살기 원해 왔다. 회사를 들어올 때의 학벌과 스펙은 당신이 회사를 지원할 시점까지의 당신의 스토리를 대변해준다. 이제는 새로운 출발선에서 달리기 시작했으니, 새로운 관점으로 시작할 기회가 열린 것이다. 당신보다 좋은 학벌, 스펙을 가진 사람들을 인정하자. 그들의 명석한 두뇌와 성실한 태도로 거기까지 이룬 것이므로 그것 또한 배울 점이 많다.

'인생은 마라톤이다'라는 진부한 말이 있다. 이 인생의 마라톤은 사실 하나의 코스가 아니라, 여러 개의 구간으로 잘게 나누어져 있는 것 같다. 그래서 새로운 구간이 시작할 때에는 다시금 기회가 온다. 다만 지난 구간의 실패가 남은 여정의 성패까지 좌우한다고 생각해버린 채 포기하지만 않으면 된다. 어려운 가정환경에서 태어나 자란 사람들 모두가 지금 여전히 빈민으로 남아 있지는 않은 것처럼 말이다.

스스로 성취하려는 의지와 열정도 스펙과 학벌의 벽을 넘는 데 큰 역할을 할 것이다. 학벌, 스펙만 믿고 안일하고 나태하게 직장생활을 하는 사람을 이겨 먹을 방법인 것이다. 또한 이러한 의지와 열정을 유지시켜줄 촉매제는 바로 자신감이다. 자신감은 무언가를 시작할 수 있는 용기이자 끝까지 해낼 수 있는 에너지를 불어 넣어준다. 학벌과 스펙을 지우고 실력만으로 그들과의 경쟁에서 지지 않을 자신이 있는가? 이기려면 일단 경기장에는 들어가야 한다. 경기장에 들어갈 때 당신이 가지고 들어갈 수 있는 건 바로 쌓여가는 경험과 노하우다.

# 자신의 존재감을
# 확실히 보여주자

직장인에게는 존재감이란 일을 해야 하는 이유이자 결과다. 직급의 높고 낮음을 막론하고 그 사람이 왜 그 자리에 있어야 하는지 증명하는 가치 중 하나이기도 하다. 물론 높은 자리에 있을수록 그 사람에게 요구하는 것들이 커지고 많아지긴 하지만, 지금 당신이 앉아 있는 자리도 회사에서 필요하기 때문에 만들어놓은 것이다. 그래서 오늘 당신이 일하는 이유도 그 자리의 가치를 입증하기 위함이며, 반대로 그 자리가 필요한 이유를 당신이 몸소 알려주고 있는 것이기도 하다.

사람에게는 누구나 인정받고 싶어 하는 욕구가 있다. 그 욕구의 집합체가 바로 사회생활이 아닐까 한다. 정말 집에 돈이 많은 사람도 '취미'로 회사에 다니는 것처럼 보이는 사람도 있으니 말이다. 회사라는 건 또 다른 형태의 인격체로 존재하고, 이윤을 추구함으로써 존재의 의미를 증명한다. 그리고 그 회사 속에서 일하는 사람들은 회사가 돈을 버는 데 기여하면서 본인들의 존재 이유를 찾는다. 그래서 회사 안에서 존재감을 느낀다는 건 단지 말 그대로의 의미가 아닌 내가 회사로부터 받는 금전적인 이익(월급)에 대한 대가로 해석될 수도 있다.

그런데 신입사원에게 존재감이란 어떤 방법으로 얻을 수 있는 것일까? 당신에게 뭔가 대단한 업무성과를 당장 내놓으라는 것도 아닐 것이고, 그저 당신이 자리에 앉아 있는 것만으로도 자연스레 주위를 감싸며 나오는 아우라, 이런 것도 아닐 것이다. 사람들로 인해 들어온 지 얼마 안 된 나를 기억하게 하고, 앞으로 그 기억을 좋은 인상으로 남도록 유도하는 것이 존재감을 만들어가는 정석이라 말하고 싶다.

이에, 사람들에게 인사를 잘하는 것만으로도 당신의 존재감을 쉽게 잘 드러낼 수 있을 것이다. 내가 신입사원 때부터 실천하려 애써 온 방법은 이렇다. '인사 포인트 올리기, 하루에 몇 개' 이런 방식으로 정해보는 것이다. 나는 새로 들어간 회사에서 항상 이 '인사 포인트'를 염두에 두고 복도를 걷거나 계단을 오르내렸다. 분명히 이 사람은 우리 회사 사람 맞는 것 같으면 무조건 인사하는 것이다. 인사는 그 사람이 나를 기억하게 해달라고 하는 것이 아닌, 내가 그 사람을 기억하기 위해 하는 것으로 생각해도 좋다. 언제 또다시 만나게 될지 모른다. 한발 더 나아가 조만간 그 사람과 업무와 관련된 대화를 나누게 될지 모른다. 이때, 내가 그 사람 얼굴이라도 잘 기억하고 있어야 처음에 다가가기 편해진다. 내가 물어볼 게 많은 상황일 것이기 때문에 잘 배우려면 이렇게라도 해야 한다. 물론 내 인사를 받고도 본인에게 인사하는지도 모르는 사람도 많다. 내가 인사를 하는 순간, '쟤 누구지?'라고 생각할 수도 있다. 하지만 실망하지 말자. 겉으로는 그런 표정들일지라도, 속으로는 나를 기억하려고 애쓸 것이다. 아니더라도, 나는 내가 할 건 했다는 안도감은 있으니 다행이다. 사소한 죄책감을 자꾸 만드느니 그냥 해버리자.

인사할 때 잊지 말아야 할 것이 하나 있다. 웃는 얼굴, 미소다. 썩은 표정은 당장 지워버리자. 잔뜩 얼어붙은 표정이나 세상을 절망하는 얼굴도 의미 없다. 어렵다는 것을 안다. 나도 그렇고 누구나 그렇다. 없는 미소를 만들어내는 것이 한국사람들에게는 참으로 쉽지 않다. 한국사람과 미국사람의 증명사진, 졸업사진을 보면 그 차이가 극명하다. 하지만 그래도 진정한 인사 포인트를 적립하려면 미국사람 같은 밝은 표정이 필요하다. 나도 아직도 여전히 노력 중이기도 하고. 여하튼 앞서 말한 부캐는 이러려고 만드는 것이다.

이것도 아주 오래전 신입사원 시절의 일이다. 점심시간이 끝나고 한 시간쯤 지난 시간이었다. 어디선가 갑자기 "야! 너 밖으로 따라와!"라는 험한 고함이 들렸다. 다들 깜짝 놀란 눈으로 그 소리가 나는 곳을 바라봤다. 내 입사동기 중 한 명인 H 씨가 올해 갓 대리를 단 A 선배의 등을 손으로 내려친 찰나였다. 지금 생각해 봐도 직장생활하면서 보기 드문 장면이었다. 그 고함을 들고 주위 사람들이 재빠르게 그 사람을 말리고 밖으로 끌어냈다. 그러자 그 H 씨는 엘리베이터를 타고 곧장 회사를 떠났다. 허무하고도 황당한 역대급 퇴사장면이었다.

나중에 이유를 들어볼 수 있었다. 이 일이 일어나고 2주쯤 지난 금요일 저녁 무렵에 회사 근처 파전집에서 만났기 때문이다. 자기는 A 대리를 매번 마주칠 때마다 인사를 했는데, 한 번도 제대로 인사를 받아주거나 리액션을 해주질 않았다는 것이다. 그 선배 성격이 조금 그랬다. 너무나도 조용하고 숫기 없는 사람이었다. 하지만 한편으로 나는 그 선배가 왜 그랬는지 알 것 같았다. 아마 H 씨를 마음에 들어 하지 않았다거나 무시하는 건 아니었을 것이다. 다만, 너무나도 내성적인 성격이라 인사를 해도 제대로 반응하지 못하는 것이었다. 그 선배는 인사를 하는 문제로도 윗사람들의 지적을 받기도 했다. 나도 그 선배가 어떤 임원으로부터 같은 지적을 받는 것을 직접 목격하기도 했다. 허리를 숙여 인사를 하는 것이 아니라 오른쪽 어깨만 살짝 앞으로 뺐다가 집어넣는 것이 그만의 인사법이었으니.


이러한 H 씨의 급작스러운 인사 사건 이후, 사람들은 농담 반, 진담 반으로 "인사 잘하기 운동이라도 해야 하는 것 아니야?"라고 말하고는 했다. 둘 다 정상범위에서 벗어난 것으로 생각했지만, 그때 느낀 점이 하나 있었다. 인사를 하되 제대로 해야 한다는 것이었다. 서로 눈을 마주치고 정면을 마주한 상태에서 인사해보자.

이건 비단 직장생활에만 국한된 것은 아닐 것이다. 같은 공간에서 같은 목표를 가지고 살아가는 사람끼리 최소한의 예의를 갖추는 것은 가족끼리든 친구 사이든 마찬가지일 것이다. 이건 시대와 세대를 넘어 기본적인 교육을 받은 사람이라면 꼭 실천해야 한다고 본다. 그런데 이것조차 안 하거나 어려워하는 일부 젊은 세대들이 많아지는 것 같아 안타깝다. 괜스레 내 부모님에 대한 비난거리를 내가 만들어내서는 안 되는 것 아닐까? 나는 집이나 회사 밖으로 나가면 나 혼자가 아닌 내 가족의 대표, 내가 다니는 회사의 대표다. 사람들은 어떤 한 사람 가지고 그 사람이 소속된 곳 전체를 판단하는 습성이 있기 때문에, 사람으로서 프로토콜(기본예절)을 지키는 것이 중요하다. 사회초년생들은 이것만 잘 지켜도 존재감이 꽤 많이 올라간다.

이번 장의 첫 번째 꼭지인 '회사는 부정적인 사람을 싫어 한다'에서도 언급한 적 있다. 내가 해본 적 없는 새로운 일할 기회가 주어졌을 때 긍정적인 마인드로 임해야 결과도 만족스러울 것이고 새로운 경험치도 쌓이게 된다는 것을. 그 경험치들은 회사에서 당신의 존재감을 더욱 끌어올려 줄 것이다. 하지만 수동적으로 주어지는 일들을 잘 쳐냈다고 해서 안심하기에는 이르다. 그 경험들을 잘 쌓아 올릴 수 있었다는 것을 최소한 내 주변 사람들에게는 알릴 필요가 있다. 그 방법은 이렇다.

작은 업무든 큰 프로젝트든 어떤 일이 끝내게 되면, 특별한 형식은 생각지 말고 '완료보고서' 느낌의 메모를 써서 상사에게 공유해보자. 이 일을 할 때 어떤 점에 주안점을 뒀고, 어떤 과정을 통해 결론에 도달했으며, 이 일을 마치고 나서 느낀 점이 무엇이니, 앞으로 어떤 부분을 보완해야 하겠다는 것 등을 적어서 보고해보는 것이다. 한마디로 '내가 이 일을 이렇게 잘 해냈어요'라고 윗사람들에게 어필하는 것이다. 또한 이 메모를 모아두면(회사에 따라 다르지만) 인사고과 때 자신이 1년 동안 무슨 일을 어떻게 했는지 적을 때 의외로 요긴하게 쓸 수 있다.

이 완료보고서는 동료 사원들과의 커뮤니케이션에도 큰 도움이 된다. 동료들에게 내가 이런 일을 어떻게 했고, 어떤 방식으로 끝마쳤는지에 대한 노하우를 공유해주는 것이다. 당신이 잘한 것, 반대로 잘 못한 것들 모두 그들에게 좋은 참고와 경고가 되어줄 것이다. 이렇게 하면 당연히 동기들 사이에서의 존재감도 얻게 되리라. 이건 당신의 2, 3년 선배들에게도 훌륭한 사례가 될 것이고 불과 몇 년 차이인 경력의 격차를 잠시나마 좁혀주는 좋은 기회가 된다. 얼마나 오래 그 회사에 다녔는가도 중요하다. 그러나 그 차이를 좁힐 수 있는 건 바로 존재감이다. "○○씨 없으면 이 일을 누가 할까 모르겠네"라는 말을 듣게 된다면 당분간은 안심이다.

스스로 성취하는 사람이 에이스라고 말했듯, 그 에이스의 존재감은 이루 말할 수 없이 묵직하다. 단 몇 시간만 자리에 없어도 사람들은 궁금해하기 때문이다. 그런 사람들, 주변이 반드시 있을 것이다. 사실 존재감을 높이기 위해선 용기가 필요하다. 지금 내 위치와 현실을 넘어선 무언가를 사람들에게 어필하는 것이기에, 지금에 안주하려고 한다면 절대 만들어낼 수 없는 가치이기 때문이다. 이는 반대로 '존재감이 없다'라는 것에 대한 평소 사람들의 생각을 해보면 금세 알 수 있을 것이다. '그냥 묻혁가자, 그게 편해'라고 생각하면 정말로 땅에 묻히게 된다. 존재감이 있는 사람은 집 밖에 나가 있어도 사람들이 그 빈자리를 기억한다. 하지만, 그 반대의 사람은 옆에서 자고 있어도 있는지조차 모른다. 지금 이 순간, 사람들이 배달음식을 몇 인분 주문할까 사람 수를 세고 있다면? 나는 지금 밖에 나가 있는 사람인가? 아니면 자고 있는 사람인가? 과연 나의 몫을 챙길 수 있을까를 생각해보면, 답은 금방 나온다.

# 네트워킹이
# 당신의 경쟁력이다

신입사원 주제에 무슨 네트워킹이냐고? 잘 들어보자. 적응과 생존의 문제 앞에서 당신을 도울 조언자들을 찾는 중요한 작업이라고 생각하자. 앞으로 살아갈 이 회사에서 당신의 네트워크가 좋은 성과를 만드는 데 훌륭한 자원이 되어줄 것이다. 특히 '회사 안 네트워킹'은 현재 당신이 다니고 있는 회사에서 당신의 아군을 최대한 많이 모아두는 것이리라. 이유인즉슨 업무를 진행하면서 혼자서 하는 것 이외의 모든 일은 사람들과의 협업으로 이루어지기 때문이다. 이 협업을 통해 좋은 성과를 거두기 위해서는 네트워킹이 중요할 것이다. 일은 혼자 하는 것이 아니라, 결국 직원들 개개인의 역량과 노력이 모여서 만들어내는 것이므로.

신입사원이든 경력사원으로 새로운 회사에 입사한 사람이든 처음 얼마간의 시간은 참으로 막막하다. 특히 '이런 건 누구한테 물어봐야 하나' 라는 질문이 매일 생긴다. 신입사원은 말할 필요 없고, 경력사원도 이전 회사에서는 어느 부서, 누가 이걸 했는데, 여기는 누가 하고 있는지 잘 모르기 때문이다. 더군다나 그걸 또 누군가에게 물어본 후 그다음 사람에게 확인하는 일의 순서마저 너무나도 답답할 지경이다.

회사 안 네트워킹은 당신이 하는 일을 수월하게 해준다. 심지어 마음의 안정을 가져다준다. 어떤 일, 프로젝트를 새로 시작하고자 할 때 회사의 전반적인 자원(Resource)을 기반으로 누가 이 일에 대해 조언해줄 수 있는지 바로 알 수 있다. 프로젝트 초반에 콘셉트조차 잡기 어려운 상황이 있을 것이다. 이럴 때 당신의 네트워크 안에 있는 사람들에게 간단한 조언이라도 구해보자. 예상치 않은 사람, 기대조차 안 한 시점에 좋은 출발선을 제시해줄 것이다.

나는 해외 영업직이었지만 회사가 가끔 전 직원들을 대상으로 신제품에 대한 아이디어를 모으는 경우가 있었다. 관리부서 직원들이야 별 부담 없이, 해도 그만 안 해도 그만이었다. 하지만 그 주관이 되는 건 영업본부였기 때문에 영업부서 사람들은 한 사람도 빠짐없이 그리고 잘해야 하는 숙제였다. '영업하는 사람이 물건만 잘 팔면 되지 무슨 제품 기획이람?'이라고 볼멘소리를 하는 사람들도 꽤 있었다. 하지만 하라고 하면 하는 것이 인지상정.

새로운 제품에 대한 아이디어를 찾기 위해 북미지역이나 유럽의 시장조사를 먼저 시작하게 됐다. 하지만 일주일이 지나도록 아무것도 하지 못했다. 그도 그럴 것이 매일 현업에서 발생하는 크고 작은 일들을 처리하는데에도 시간이 모자랐기 때문이다. 대부분의 직원이 '바빠 죽겠는데 무슨 신제품 아이디어?'라는 인식이 대다수였으리라.

그러던 어느 날, 회사 구내식당에서 주로 외근이 많은 생산부서의 J 이사를 만나 합석하게 됐다. 당시 다니던 회사의 규모는 그리 크지 않았고, 자체 생산능력을 비해 꽤 많은 물량을 수주한 덕분에 외주 생산처를 몇 군데 운영하고 있었다. 그래서 생산부서 사람들은 그 외주 거래처에 자주 그리고 오래 나가 있곤 했다. 오랜만에 모여 앉아 이런저런 이야기를 하는 중, 그 J 이사가 먼저 말을 꺼냈다. "요즘 잘 돼요? 영업 쪽도 무지하게 바쁜 것 같던데", "네, 이사님. 고객사 주문받은 거 쳐내기도 바쁩니다. 그냥 멍하게 앉아만 있어도 이메일이 쌓입니다. 그게 다 일거리죠. 게다가 요즘에는 신제품 기획까지 해야 해서 정신이 더 없습니다"라고 답했다. 그리고 나는 내가 조금 생각해본 신제품 아이디어에 대해 지나가는 말로 설명했다. 그랬더니, J 이사는 거기에 더해 나로서는 생각도 못한 반짝이는 아이디어를 내게 말해줬다.

회사마다 다르겠지만 영업부서와 생산부서가 찰떡같이 좋은 관계를 유지하는 건 아니다. 아무래도 이해관계가 서로 충돌하는 경우가 많아 다소 껄끄럽게 대하는 경우가 많기 때문이다. 하지만 나야 들어온 지 얼마 되지 않았고 그 당시 생산부서의 과실로 제품 출고가 지연되는 상황이 있었을 때, 내가 고객사에 '말을 잘해서' 문제없이 넘어가도록 해준 적이 있어서 그분하고는 '동지애'가 있었더란다.

결국 J 이사의 훌륭한 아이디어 덕분에 기획서 하나를 무사히 제출할 수 있었다. 어려울 때 서로 돕는 이런 아름다운 상황이 직장인인 나에게는 처음이었다. 심지어는 주책없이 뭔가 따뜻하고 든든한 느낌이 드는 것이 흐뭇하기까지 했다.


회사 안 네트워킹은 어찌 보면 고등학교 때 국어, 영어, 수학을 공부하는 것과 같다. 이 세 과목은 벼락치기가 통하지 않는다. 말 그대로 '평소에 꾸준히'가 정석이고 유일한 방법이다. 수학시험 전날 밤을 지새운들 눈에 띌 만큼 시험점수가 오른다거나 하진 않는다. 공부 잘하는 친구들의 얄미운 대답 중 하나인, '평소 실력으로 시험 보는 것'이 바로 이 과목들이다. 네트워킹도 마찬가지다. 평소 안 그러던 사람이 갑자기 친한 척을 하면, 대번에 드는 생각이 '결혼식 날짜 잡았나?'다. 난데없는 친한 척이 경계심을 만들어내는 우스운 순간이다.

그러므로 평소에 조금씩이라도 네트워킹에 관심을 두고 있어야 한다. '일로 만난 사이'니까 적당히 선을 긋고 지낸다면 마음은 편하다. 하지만, 회사 일이란 게 깊이 들어갈수록 혼자 해낼 수 있는 것이 거의 없더라. 나 아닌 누군가의 의견, 협조(자료 취합이라도 한다면 그렇다), 참여를 끌어내는 '협업'이 필요했다. 때로는 우리 팀 선배나 팀장에게 묻기가 좀 껄끄러운 내용이라면 다른 팀의 선배에게 의지할 필요도 있다. 이게 다 당신의 성과를 확보하기 위함이지, 어디 가서 '인싸' 소리 들으라고 하는 것이 아니다.

나는 무엇보다 '스몰토크(Small Talk)', 쉽게 말해 사소한 잡담이 중요하다고 본다. 사실 나도 너무나 어려운 부분인데, 서양 사람들은 일상적으로 몸에 밴 관습이라 사뭇 신기해보일 때도 있다. 심지어 길거리에서 마주치는 사람끼리도 '당신 오늘 옷 멋지다, 잘 입었네'라고 칭찬하고 지나간다고 하니, 우리네 문화와는 차이가 크다. 이건 조금 어렵다. 그냥 우리식대로 가자.

업무에 지장이 있을 정도로 장시간 자리를 비우는 건 당연히 말이 안 되지만, 엘리베이터나 복도에서 마주치는 사람들과 주고받는 일상토크가 바람직하겠다. 또한 신입, 주니어사원 입장에서는 그들이 건네는 인사와 스몰토크에 제대로, 적당히 반응해주는 리액션 좋은 사람만 돼도 꽤 괜찮다. 간혹 시대에 동떨어진 오래된 농담을 듣더라도 포인트 쌓는다는 심정으로 리액션 해주자. 그렇게 하면 나중에 도움을 청하고, 무언가 물어볼 때 조금 수월할 것이다. 당신을 심적 부담감에서 조금은 자유롭게 해줄 것이니까. 결국 '저 친구는 반응이 좀 있네'라는 인상이 심어진다면 그 사람과 업무 관련한 협업을 할 때도 조금이라도 더 많은 이야기를 끌어낼 수 있으리라 믿는다. 그리고 그들의 도움과 협조가 내게 작은 성과들을 끊임없이 가져다줄 것이다.

다른 한 편으로 회사 밖에서의 네트워크를 만드는 방법도 있다. 신입, 주니어사원들은 배울 것이 투성이다. 그렇다고 사내 네트워킹이 모든 것을 해결해줄 수 없을 때도 많다. 그때 유용한 것이 동종업계 커뮤니티다. 인터넷 카페로 보면 쉽다. 사실상 웬만한 사람들은 커뮤니티, 인터넷 카페 활동을 하지 않는다. 어떤 특정한 카페 활동을 하는 사람들을 많이들 본 적 있는가? 많지 않을 것이다. 설령 있다손 치더라도 주위 사람들에게 알리지는 않는다.

그런데 막상 그런 인터넷 커뮤니티를 방문해보면 놀랄 때가 많다. 나는 개인적으로 업무와 관련된 카페 하나, 앞으로 인생 2막을 살 때 의지할 수 있는 카페를 각 하나씩 가입해서 활동하고 있다. 동종업계 사람들이 모인 인터넷 카페에는 30년이 넘은 경력의 베테랑 회원도 있고, 이제 갓 업계로 들어온 사원급들도 많다. 좋은 점은 뭔가 질문을 하면 다들 자기 일처럼 대답해준다. 그리고 직장생활의 어려움이나 고민도 들어준다. 일하면서 생기는 질문들을 꾸준히 해보고, 답변해준 사람들에게 고마움을 성심껏 표시해보자. 그리고 더 나아가 그 답변을 듣고 실제 업무에 어떻게 적용했고 어떤 결과를 얻었는지까지 후기처럼 올리면 어떨까? 그러다 보면 어느새 당신도 그 커뮤니티 활동만으로도 내공이 쌓인다. 그러면서 당신도 자신의 경험과 노하우를 업계 후배들에게 나눠주자. 작지만 선한 영향력을 끼칠 수 있다.

일에 치이다 보면 하루가 쏜살같이 지나가고, 어느새 한 주도 순간 삭제된다. 하지만 가끔은 회사 안팎으로 나만의 네트워크를 넓혀 가는데 소홀해서는 안 될 것이다. 한 업계에서 계속 일하다 보면, 같이 일한 사람들, 심지어 한 번 본 사람들을 언젠가 다시 만나고 다시 함께 일할 수도 있게 된다. 잘 만나는 것 못지않게 잘 헤어지는 것도 중요한 이유다. 어딘지 모르게 네트워킹이란 어부의 통발과도 같다. 그 촘촘함이 완벽하지 못하면 물고기 한 마리 제대로 잡지 못한다. 또한 주기적으로 관리도 하지 않은 채 무조건 물속에 오래 담가놓는다고 해서 물고기가 잘 잡히는 것도 아니다. 양적으로, 또 질적으로도 계속 확장하고 다듬어가야 한다.

## 4장

# 덜 불행하고, 덜 우울한 직딩 라이프를 위한 7가지 기술

# 회사에 도움이 되는,
# 가치 있는 사람이 되자

회사에 도움이 되는, 가치 있는 사람이 되자. 마치 새마을운동 시절의 표어 같다. 요즘 누가 이런 생각을 하면서 직장생활을 할까? 나 한 몸도 추스르기 힘든 현실이다. 평일 아침 눈을 뜨면 자리를 박차고 일어나는 것이 하루 중 가장 어렵고 큰일을 해내는 것 같다. '아, 우울해. 출근해야 해', '아, 또 눈 떴어. 출근해야 해'라고 생각하면서 회사로 무거운 발걸음을 옮긴다. 특히 회사 건물로 들어서는 순간은 긴장감과 불행함이 함께 샘솟는 순간이다. 이 순간 누군가 '그런데도 나는 회사에 도움이 되는 사람이 되어야 해'라고 생각하는 사람이 있을까? 있다면 참으로 훌륭한 사람이다.

단순히 내가 받는 급여가 피와도 같은 나의 인생과 시간을 제공하는 대가라고 생각한다면 정말 회사를 다니기 싫어진다. 시간은 쉬지 않고 흐르고, 나는 계속 늙어가기만 하기 때문이다. 하지만 이렇게 회사에 가져다 바치는 시간을 나의 미래를 위한 투자라고 생각할 수만 있다면 상황이 달라진다. 회사를 위해 일을 하다 보면 어느새 나의 가치까지 올릴 수 있는 길을 궁리해볼 수밖에 없다. 회사란 그래야 그나마 다닐 만하다.

성과를 내고 회사를 위한 가치를 창출하는 길은 다양하다. 단순히 회사에 큰돈을 벌어다주는 것 말고도, 크고 작은 가치를 만들어내기 위해 내부적인 시스템과 절차를 정비하는 것, 지금 이 순간에도 무에서 유를 창조하는 수많은 엔지니어들, 그 밖에 회사의 영리활동에 알게 모르게 기여한 사람들 모두 가치 있는 성과를 내는 사람들이다.

그렇지만 신입사원, 주니어사원으로서 회사에 대단한 실적을 안겨주거나 회사 구성원들의 생산성을 하루아침에 급상승시켜줄 묘안을 내놓을 수는 없다. 그건 당신이 몇 년을 지내고 나서 반드시 이루게 될 것이지만.


그럼 어떤 방법으로 회사에 도움이 되고, 나는 가치 있는 사람이 될 수 있을까? 바로 머지않은 장래에 큰 가치를 만들어낼 수 있는 잠재력, 이걸 키우는 과정을 지금부터 착실하게 밟아가는 것이다. 그리고 그 잠재력은 다른 사람들과의 소통과 협업을 통해 발견하고 키워나갈 수 있을 것이다. 잠재력이란 것이 나 혼자 동굴 속에 웅크리고 있으면 절대로 찾을 수 없다. 사람들과 대화하고 때로는 논쟁하면서, 그들이 말과 글을 접하다 가 보면 역으로 내가 어떤 사람인지 알게 된다. 이러면서 내가 가진 장점은 무엇이고, 보완해야 하는 부분은 무엇인지 깨달을 수 있다. 결과적으로는 당신이 그 누구에게 물어봐도 함께 일하고 싶어 하는 '팀 플레이어' 유망주가 되길 바란다. 지금 다니는 회사에서뿐만 아니라 앞으로 일 때문에 만날 수많은 사람에게 본인 자신의 가치를 명확히 보여줄 수 있으니까.

주변 사람들이 함께 일하고 싶은 그 사람을 꼽는다면, 그 사람은 바로 당신이었으면 좋겠다. 인기투표라도 해서 당신이 협업하기 가장 좋은 사람으로 뽑힌다는 상상을 하고, 그 목표에 조금씩 가까워지는 상상을 해보자. 협업을 근본이자 생명으로 여겨야 하는 직장생활에서 팀워크를 올려주는 사람이야말로 가장 가치 있는 사람이라고 본다. 반대로 엄청난 역량의 소유자더라도 팀워크와 담쌓고 개인플레이를 하려고 하는 사람은 장기적으로는 회사에 직간접적으로 손해를 가져온다. 그리고 그런 사람들은 회사의 고객에게도 좋은 평판을 들을 수 없다.

그렇다면 팀워크의 기본이 되는 마인드는 무엇인가? 감히 말하건대 서로 격려하는 것이다. 일이 잘 풀리지 않고 중간, 중간에 누군가 실수라도 할라치면 바로 비수와 같은 비난이나 뒤돌아서면 더 기분 나쁜 비꼬는 말이 어디선가 튀어나온다. 그런데 다들 알겠지만 일이 잘 풀리지 않는 것이나 누군가 실수한 것 모두 되돌릴 수 없는 것들이다. 일어나지 않은 일을 미리 걱정하는 것도 병이지만, 이미 엎질러진 우유를 보고 우는 것은 더 큰 병이다. 수습과 보완이 우선이지 비난과 질책이 먼저가 아닌 것이다.

함께 일하는 사람끼리 격려하는 것은 팀워크의 핵심이다. 《누구와 함께 일할 것인가》에서 찾은 권하고 싶은 문구가 하나 더 있다. "용기를 내려면 격려가 필요하다. 그게 바로 팀워크의 핵심이다"는 것이다. 이 책의 저자들이 왜 용기가 필요하다고 했는지 생각해봤다. 아까 위에서 말한 함께 협업하고 있는 일이 잘되지 않을 때 상대방에게 비난과 질책을 하지 않을 수 있는 자제력이 바로 용기인 것이다. 그리고 격려와 용기는 서로를 끌어 올려주는 '상승작용'을 한다.

앞에서 인용한 문구의 다른 면을 살펴보고자 한다. 팀워크에서 필요한 서로 간의 격려를 구성하는 중요한 요소 중 하나, 바로 칭찬이다. 한 사람의 인정욕구를 채우는 방법은 여러 가지다. 그중에서 남들로부터 칭찬을 듣는 것만큼 좋은 것이 있을까? 고래도 춤을 추게 한다면서? 회사에서 나라는 존재의 의미를 이렇게 확실하게 느끼게 해주는 것은 없을 것이다. 이렇듯 상대방을 칭찬함으로써 그 사람이 최고의 퍼포먼스를 낼 수 있도록 이끄는 것도 비용도 들지 않는 좋은 방법이다. 칭찬이야말로 가장 간편한 동기부여 방법이라고 생각한다. 이런 한 사람, 한 사람의 좋은 기운이 모여 일을 성공으로 이끌 것이다.

더욱더 나은 가치를 만들어내고 싶어 하는 당신에게 권하고 싶은 것이 하나 더 있다. 바로 함께 일하는 사람들로부터 피가 되고 살이 되는 피드백을 받는 것이다. 그것도 가급적 빨리 받아야 한다. 특히 처음 해보는 일이라던 더욱 그렇다. 어떤 사람들은 무슨 일이든 완벽해야 한다는 강박관념에 사로잡혀 산다. 그러다가 항상 일의 진척이 달팽이처럼 늦다. 더군다나 자신이 완벽하다고 생각하고 남들 앞에 내놓는 타이밍도 중요한 법인데 이것마저도 놓치는 것이 일상이다. 이런 사람 중에는 자기 자신만을 최고로 여기는 경우가 꽤 있다. 그리고 더 나아가 남들이 자신보다 못하다는 생각이 앞선다. 이러다 보니 남의 피드백을 구하기는 것 따위는 신경 쓰지 않기 마련이다. 혼자만의 생각에 빠져 이리 고치고, 저리 다듬고…. 이렇게는 제대로 된 결과가 나오는 건 기대하기 힘들다.

이러지 않았으면 좋겠다. 기획서든 보고서든, 때로는 품의서든 일단 한숨에 집중해서 만들고 나면 꼭 피드백을 받자. 처음에는 너무 완벽함을 추구하지 말자. 시간이 더 아깝다. 그리고 시간만 보낸다고 잘할 수 있다는 오만방자함을 꼭 벗어 던져야 한다. 당신이 20년 이상의 베테랑이라고 하더라도 빨리 초안을 만들고 협업 상대방들에게 피드백을 받기 바란다. 사람들의 의견이 모이면 더욱 완벽에 가까운 결과를 만들어낼 수 있으니까. 그리고 질문을 받고, 감수를 요청받는 사람에게는 인정의 욕구가 또 조금 더 채워진다.


나는 강원도 어느 작은 도시에 있는 작은 부대에서 작전병으로 군생활을 했다. 거기서 나는 대대 작전병으로 일했는데, 본래 주특기와는 다른 일종의 '워드병' 정도였다. 내가 주로 했던 일은 주기적으로 벌어지는 여러 가지 훈련을 준비할 때 각종 계획서와 지도를 만드는 것이었다. 물론 대부분은 직속상관인 '작전장교'가 연필로 이면지에 쓴 초안을 보면서 컴퓨터로 문서를 작성하는 것이 고작이었지만.

가끔 아니 너무 자주 일과시간이 끝날 때쯤 초안을 받는 경우가 있었다. '어이없게 이게 무슨 짓인가?'라고 생각하긴 했지만, 그분도 나름대로 고민에 고민을 거듭해서 만든 것이니 이렇게 늦었을 것이다. 그래도 속으로는 열불이 났다. '나도 올라가서 쉬고 싶은데…'라고 불만을 삭이는 적이 한두 번이 아니었거든. 하지만 그건 순간적인 감정 변화였고, 가장 힘들고 어려웠던 건 별다른 가이드 없이 초안만 던져지고 밤늦게까지 문서작업을 해야 하는 것이었다. '지금 내가 제대로 하고는 있는 건가?'라는 생각이 수십 번 든다. 하지만 당장 물어볼 수도 없고, 그렇다고 내 멋대로 끝까지 작성했다가 다음 날 아침 '도루묵' 소리를 듣고 처음부터 다시 해야 할 수도 있으니.

그렇다고 밤늦은 시간에 연락해서 물어볼 수도 없으니 진퇴양난이었다. 최소한 초반에는 그랬다. 하지만 나는 꽤 높은 수준까지는 나 스스로 해도 전혀 문제가 없는 상황을 만들어내고 싶었다. 그래서 부대 내 최고 결정권자까지 결재를 끝낸 문서를 받고 파일링을 하고 나면, 반드시 그 문서를 다시 작전장교에게 가지고 가서 앞으로 어떻게 보완하면 좋을지 가르쳐 달라고 '조르기'를 했다. 당시 그분이 빨간색 플러스펜으로 적어주던 모습이 기억난다. 그러면서, "너 같은 놈은 처음 본다"라는 것이 그분의 반응이었다. 하지만 6개월 정도 피드백을 '강요'하고 잘 받아 놓은 결과, 꽤 인정받는 작전병으로 남은 군생활을 지낼 수 있었다. 내가 왜 이렇게 했을까? 푼돈 받아가면서 하는 군생활에서 당시 최대의 관심사였던 '충분한 수면을 할 권리'를 되찾기 위함이었다. 한 마디로, 야근하기 싫었기 때문이다.

아무 생각 없이 시간만 보낼 요량으로 회사에 다닌다면, 그것보다 더 불행하고 우울한 건 없을 것이다. 내가 지금 걷고 있는 인생 여정이 나름대로 큰 의미를 지니게 하는 간단한 방법은 나 자신이 내 인생에 좋은 의미를 부여하는 것이다. 그 좋은 의미는 내가 만들어내는 작지만 훌륭한 가치들로 채워져야 한다. 나는 이 책을 읽는 당신이 온갖 부정적인 주변 상황에도 불구하고 늘 행복하길 바란다. 그리고 바라는 만큼 당신이 자신만의 가치를 하루하루 만들어냈으면 좋겠다. 직장생활하는 동안 팀 플레이어로서 자격을 갖추고 서로 격려하고 칭찬하며 일하자. 나를 춤추게 하는 건 어쩌면 내가 얼마 전 누군가에게 한 칭찬이 되돌아온 것일지도 모른다. 그리고 그 칭찬과 피드백이 차곡차곡 쌓여 당신을 진정 가치 있는 사람으로 만들어낼 것이다.

# 절대 상대방의
# 선을 넘지 말자

내가 신입사원부터 약 10여 년을 보낸 첫 회사에서 조금 의아한 이야기를 들은 적이 있다. 요즘에도 그런 일이 있을까 궁금하다. 당시 젊은 직원들에게는 상관이 없는 일이었는데, 부사장 이하 임원들이 주말마다 어떤 교회에 나간다는 것이었다. 개인적인 종교관이나 종교 활동에 대해 내가 관심을 가질 필요는 없었다. 하지만 20명이 넘는 사람들이 왜 꼭 그 교회를 다니는 것일까?

한참 후 알게 됐다. 거기에 대표이사와 몇 명의 계열사 사장들이 다니고 있었기 때문이더라. 대략 이유를 알 수 있었는데, 어찌 보면 '줄 잘 서기'일 것이고, 또는 주말이더라도 그 은혜로운 상사의 가르침을 빠짐없이 듣고 싶어서이리라. 병아리 눈물 같은 대리 주제에 어떻게 그 크고 깊은 뜻을 알겠는가? 윗사람들도 상사를 '모시는 것'은 쉽지 않은가보다. 종교의 벽을 허문 대동단결의 '지극히 자발적인' 모습을 하필 그 교회에서 보여줄 줄이야….

　누구나 그렇듯 직장생활을 하면서 가장 큰 이슈는 내가 매일 마주하는 상사와의 관계다. 그래서 이번 꼭지에서 말하는 '상대방'이란 주로 '상사'에 대한 이야기다. 한 번 언급한 적 있듯 상사는 내가 고를 수 있는 상대가 아니다. 회사는 내가 직접 골라 지원하고 면접도 보고, 최종적으로 갈지 말지를 선택하지만. 막상 회사에 입사하고 보니 '딱!' 그 자리에 그 사람이 있더라는 것이다. 그 회사를 계속 다닐지 말지 결정하게 만드는 가장 큰 요소가 상사인 것도 그만큼 나의 직장생활의 성공과 실패를 좌우하는 가장 근접한 상대방이기 때문이다. 매일 얼굴 보고, 대화하고 눈치 봐야 하는, 바로 그 사람이다.

　지금 당신은 당신 상사와의 관계가 어떤가? 존경받아 마땅한 인격과 뛰어난 업무능력을 겸비한 좋은 상사들도 많을 것이다. 반면 능력도 없으면서 일은 다 밑으로 내려보내고 온종일 뭘 하는지도 모르는 분들도 계시다. 당신의 대답이 어떠하든 완벽하게 만족하고 별점 5개를 꽉 채워줄 수 있는 상사는 없다. 있으면 연락해주길 바란다. 그분과 인터뷰를 하고 이 시대의 진정한 팀장 리더십에 대한 글을 쓰고 싶으니까.

　일단 일과 관련된 면에서 볼 때, 당신의 부서에서 상사가 어떤 역할을 하고 있는지 생각해본 적 있는가? 그 부서가 존재하고 또 그 상사의 자리가 있어야 하는 이유는 각 회사에서 정하는 것이지만 대체로 상사는 다음과 같은 역할을 한다.


- 그 상사의 상사가 하는 지시를 전달한다.
- 당신에게 업무를 할당하고 그 결과물을 받아 다시 그 위 상사에게
  보고한다.
- 당신의 보고에 대한 피드백을 해준다.
- 각종 회의에 끌려다닌다.
- 당신의 성과, 인사고과 점수에 관여하고 당신에 대한 가치를 부여
  한다.
- 종종 당신의 숨을 막히게 하고, 좌불안석을 만들어 준다.
- 외근이나 출장이라도 가게 되면 왠지 해방감을 느끼게 해준다.


이렇듯 당신의 사회생활에 밀접하게 관여한다. 내가 정하지 않은 내 삶의 일부를 움직이다니 운명도 이런 운명이 없다. 이런 상대방과 어떻게 지내느냐가 하루 대부분을 덜 불행하게 보내는 데에 매우 중요하다.


선을 넘지 않는다는 건 달리 보자면, 상대방의 발작 버튼을 누르지 않고, 선 안에서 내가 하고 싶은 말을 명확히 전달하는 것, 즉 커뮤니케이션 태도의 일관성을 지키는 것이라고 볼 수 있다. 그렇다면 이건 상대방의 눈치만 본다는 뜻이 아니라 나도 우선 인간적으로 품어야 할 적합한 태도, 즉 예의를 지키는 것이다.

상사가 업무지시를 하거나 보고 등에 대해 피드백을 할 때 말로 리액션하는 것도 중요하지만 말 이외에 표정이나 시선도 중요하다. 사실 이건 꼭 상사와의 대화에서만 필요한 것이 아니고 인간 대 인간의 의사소통 매너라고 본다. 입으로는 꼬박꼬박 대답을 잘하지만, 상대방에게 집중하지 않는 듯한 시선과 표정이라면 상대방의 소통 의지를 꺾어 버리는 결례다. 계속 빤히 쳐다보는 것도 조금은 이상하니, 종종 눈도 마주치고 고개도 끄덕이면서 상대방의 말에 집중하고 있다는 표시를 분명히 하자. 이런 기본적인 예절은 인간적으로 그 사람과 친분을 쌓기 위한 것이 아니라 결국 의사소통의 질(質)을 높이는 것이다. 그 결과 업무상 더 나은 결과를 도출하기 위한 구성원 간의 프로토콜(기본적인 예절)로 이해하면 빠르다.

상사마다 사람마다 은연중 그어놓은 선은 다르다. 즉, 그 사람의 성격, 성향에 따라 특정 상황이나 업무 결과에 대해 관대할 수도 있고 아닐 수도 있다.

예전에 두 팀이 있었다. 입사동기 두 명이 각각의 팀의 팀장을 맡고 있었고, 그 바로 아래 두 명씩 과장을 배치해서 일하던 데칼코마니 같은 두 팀이었다. 비슷한 시기에 팀장이 되고 그 밑의 과장들도 서로 동기거나 한두 기수 위아래였으니 업무적으로도 '선의의 경쟁'을 하던 사이였고 위에서도 두 팀 간의 비교와 경쟁을 부추기기도 했다.

한 팀의 K 과장은 평소 스몰토크도 잘하고 능글능글한 성격의 소유자였다. 그의 팀장도 쾌활한 성격의 소유자라 팀 분위기도 좋았다. 팀장이 다소 무리한 일정을 주면서 업무를 주더라도 "아이, 팀장님, 왜 그러세요?"라고 능청스럽게 받으면서 일정을 조율하는 스타일이었다. 그 팀에서는 그런 말과 말투가 아무 문제 없이 용인되는 것인데 반해, 그 옆 팀은 사뭇 달랐다.

예의 K 과장의 그 시그니처 같은 "아이, 저한테 왜 그러세요"를 옆 팀의 C 과장이 똑같이 시도했다가 그 팀장의 정색하는 얼굴을 보게 된 것이었다. "지금 내가 하는 말이 말 같지 않니?"라고 한 것이다. 그러게 아무거나 다 따라 했다가 괜히 팀 분위기만 망치게 된 셈이다. 우스갯소리 같지만, 이렇듯 상대하는 사람과 상황에 맞는 대화 기법, 말투와 표정이 필요한 것이다. 눈치는 타고나는 것이라 속단하지 말고, 아주 짧은 순간이라도 머리를 거쳐서 말을 하고 행동했으면 좋겠다.


그런데 상사가 내가 그려 놓은 선을 넘으면 어떻게 해야 하나? 사람은 항상 상대방을 봐 가면서 할 말과 행동을 정한다. 의식적으로 그렇지 않더라도 무의식적으로 듣는 사람이 단계적으로 어떻게 반응하는지를 확인하면서 한 발씩 안으로 집어넣는다. 업무적으로 실수나 누락이 조금 있었다고 인신공격이나 조롱을 하는 사람들이 있다. '열 받는 건 사실이지만, 이 정도까지는 참는다'라고 생각하고 넘어갈 수준의 것도 있지만, '이번에 훅하고 세게 들어 오네'라고 순간적으로 느끼는 일도 있을 것이다. 이때는 그냥 넘어가면 안 된다. 반드시 방금 들은 말에 대해서 짚고 넘어가야 한다.

"집에서 가정교육을 어떻게 받은 거야?", "능력이 그것밖에 안 되면서 우리 회사는 어떻게 들어온 거야? 인사팀은 대체 뭐 하는 사람들이야?"
이런 말을 듣는다면 다시는 비슷한 수위의 말이 나오지 않도록 정중하
게 반박하자. "제가 듣기엔 방금 말씀하신 건 선을 넘으신 것 같습니다.
꼭 이 말씀을 하지 않으셔도 저도 잘 알아듣습니다"라고 말이다. 다만 멘
탈을 부여잡고 흔들리지 않는 단호한 말투가 필요하다. 그렇다고 똑같
이 고함을 치거나 얼굴이 벌게지지 않도록 해야 하는데 사실 이걸 통제
하기는 힘들다. 그럴 때는 일단 그 자리를 벗어나 마음을 안정시킨 후 이
메일로라도 내 뜻을 전하자. '선 넘었다고 지적도 하고, 자신도 앞으로 잘
하겠다'라는 취지로 말이다. 이때도 결국은 나의 선과 상사의 선을 둘 다
넘지 않도록 하는 것이 중요하다.

　상대방의 선을 넘지 않는 것, 그것도 상사의 선을 넘지 않으려 애쓰는
것은 직장생활에서 느끼는 억압과 스트레스를 높이는 주범이다. 이런 것
까지 생각하면서 인생을 살아야 한다고 생각하니 많이들 갑갑할 것이다.
하지만 내가 그 사람의 선을 지켜줘야, 혹시 만에 하나 나의 선을 넘으려
고 할 때 제지할 수 있다. 그런 소리까지 들어가면서 겨우 이 월급 받으
며 그 회사에 다닐 필요는 없지 않은가? 그리고 하다못해 '나는 그렇게까
지 하지 않는데, 당신은 왜　그런가?'라고 반박할 수 있으려면 상대방이
가진 원의 반지름을 알고 있어야 한다. 이 모든 게 다 당신의 마음을 지
키기 위한 선제 수단이라고 생각하자. 절대로 남의 눈치를 보는 것이 아
니다.

# 상사도 사람이라는 것을
# 기억하자

    매일 직장상사를 대하면서도 여전한 불편함이나 어색함을 호소하는 사람들이 있다. 사실 알게 되었는지도 얼마 안 된 사람인데, 실질적으로 나의 업무시간을 지배하는 사람이니 자연스러운 감정이다. 반면 몇 년을 같이 일해도 그런 경우가 있어서 난감하기도 하다. 업무적인 면이야 조금씩 적응하고 발전하고 있으니 그렇다 쳐도 사람 사이의 관계를 잘 만들고 유지하는 것이 가장 어렵지 않은가?

    극단적인 예로, 학교에 다닐 때는 나 스스로 아웃사이더를 자청하고 사람들과 아무 소통이나 교감이 없어도 어떻게든 지낼 수 있다. 온종일 이어셋을 귀에 꽂고 살아도 아무 문제가 없다. 하지만 직장생활이 어디 그런가? 아무리 사내 메신저나 협업 프로그램으로 의사소통하는 빈도가 높아졌다손 치더라도 서로 대면하고 대화하면서 일을 해나가는 것이 필요하다. 요즘 어떤 예능 프로그램에서 MZ세대의 직장생활을 보여준다고 하면서 A사의 이어셋 제품을 항상 귀에 꽂고 일하는 사람이 나온다. '능률이 오른다'라는 이유로 그렇게 하던데, 당신 회사에서 그렇게 하고 있으면 사람들이 어떤 반응을 보일까? 이것을 생각해보면 답은 간단하다.

이렇게 사람들과의 의사소통의 관점에서 상사와의 관계를 짚어보면, 결국 상사도 내가 가진 감정의 변화(기쁨, 좌절, 호감, 불안감 등)를 공통으로 가진 사람이라는 걸 잊지 말아야겠다. 그렇다면 이러한 다양한 감정 중에서 당신의 일과를 들었다 놨다 할 수 있는 게 무엇일까? 바로 상사의 '불안감'을 들 수 있다. 그 사람도 늘 불안감을 안고 직장생활을 한다.

연차가 짧은 직원들에게 업무를 맡길 때 상사는 항상 생각하는 게 있다. "과연 저 친구가 이걸 끝까지 잘 해낼 수 있을까?"다. 어떤 상사는 과감하게 일을 할당하고 지켜봐주는가 하면, 어떤 사람은 고민에 고민을 거듭하며 결국은 자기가 해버리는 경우도 있다. 불안하기 때문이다.

대리 시절, 팀에서 새로운 프로젝트 하나를 시작하려던 참이었다. 팀장이 수차례 임원(본부장)의 방을 드나들고 난 직후였다. 이번에도 역시나 지금까지 해본 적 없는 아이템에다가 새로운 거래처를 상대하는 일이었다. 이제 회사가 돌아가는 것을 알 것 같다는 생각이 들기 시작한 나로서는 이 프로젝트에 조금이라도 발을 담그고 싶었다. 당시 같은 팀에 입사 동기가 둘이나 더 있었다. 그리 크지 않은 팀에서 이런 인원 구성으로 사람들이 일하고 있던 건 이례적이었다. 사실 말 못 할 이유는 있었는데 차치하고…. 갑자기 하늘에서 안전하게 지상으로 뛰어내릴 때 쓰는 어떤 장비가 연상된다.

어차피 메인으로 담당하는 역할은 맡을 연차는 아니니까 사이드킥(Side Kick : 보조역할)이라도 제대로 하고 싶었다. 그런데 사람들 다 모여 있는 곳에서는 "제가 한번 해보겠습니다"라고는 차마 말할 수가 없어서 망설이고 있었다. 결국 어느 날인가 화장실에서 팀장을 마주치게 된 순간, 그 안에 다른 사람이 없다는 걸 확인하고(나는 소심했다), 그 일에 나도 참여하고 싶다고 말했다. "그래, 한번 해봐. 이 차장이 메인을 맡고, 네가 보조해주면 되겠네"라고 답변을 들었다. 용기를 내길 잘했다는 생각이 들었다. 그리고 거의 반년 동안 그 차장에게 많은 것을 배우면서 프로젝트를 끝낼 수 있었다. 사실 욕을 더 많이 들었던 기억이다.

나중에 회식 자리에서 들은 이야기는 이렇다. 당시 팀장은 꽤 불안했다고 한다. 첫 번째는 '이걸 누가 맡으려고 할까?'였는데 내가 그걸 자청해서 한다고 하니 내심 기뻤다고 한다. 그리고 두 번째는 '쟤가 잘 해낼 수 있을까?'였다고 하면서, '자진해서 한다고 했으니까, 잘 안돼도 알아서 수습하겠지. 그리고 이 차장도 있으니까 문제없을 거야'라고 생각하셨다고 했다. 이렇듯 자기가 직접 팀원 중 누군가를 지목하고 일을 시키는 리스크보다는 자진해서 지원한 사람에게 일을 주는 것이 자신의 불안감을 조금이라도 줄일 수 있다는 깨달음을 얻게 됐다.

상사의 불안감에 대해 한 가지 더 말하자면 이전에도 언급한 '중간보고'의 중요성이다. 팀원에게 일을 맡겨놓고 나면 그 진행상황에 대해 무척이나 궁금하다. 상사도 자신 고유업무를 진행하다가도 문득 '아, 그건 어떻게 됐지?'라고 생각하는데, 막상 물어보려고 하면 뭔가 심하게 집중하는 표정을 한 그 팀원에게 묻는 게 망설여질 때도 있다. 그러다 자기도 바쁘다 보니 또 하루 넘어간다.

상사가 묻지 않아도 스스로 중간중간 어떤 일의 진행상황을 상사에게 업데이트해주는 것이 중요하다고 본다. 이게 상사의 불안감을 줄이는 데에는 가장 효과가 좋은 약이다. 상사의 감정상태의 변화에 따라 내 일과의 질이 달라진다고 보면, 평소 이런 컨트롤을 해주는 것이 서로 좋은 일일 것이다. 상사와 스몰토크를 할 때도 중간중간 내가 지금 어디까지 무엇을 했는지 상사에게 말해주면 내심 기뻐한다. 이런 감정 상태라면 당신에게 더 좋은 조언과 지침을 건네줄 것이 확실하다. "팀장님, 요즘 ○○○ 관련 건 계산하고 있는데 목표를 어떻게 잡아야 할지 모르겠네요"라고 잘 안 되는 부분도 이야기해보자. 잘 모르는 부분을 팀원이 먼저 내게 알려주면 상사로서는 정말 안도감을 느낀다. 문제가 생기기 전, 일정이 지연될 요소를 미리 알게 되면 정말 고맙기까지 하다.

어쩌면 나 스스로 팀장에게 마이크로 매니징(사소한 것까지 모두 관리하는 방식)을 자청하는 것이긴 하지만, 어쩌면 주니어사원 시절에는 차라리 이게 낫다. 혼자 잘난 체하면서 자기만의 판단과 방식으로 일을 진행하다간 실수나 오류가 발생했을 때 걷잡을 수 없게 된다. 일이 진척될수록 오류로 인한 간격은 더 커지기 때문이다. 그러면 피드백을 받는 횟수도 늘어난다. 신입사원 시절에는 마이크로 매니징을 자처해서 받기를 강력히 추천한다. 그래야 연차가 쌓이면 스스로 주도해서 일을 진행할 수 있다. 그때 품게 되는 자신감이 다르다.

"이건 제가 할 수 있는 일이 아닌 것 같은데요. 능력 밖의 일입니다"라고 상사에게 말한 적 있나? 아주 오래전 옆 팀에서 흘러나온 그 말, 들은 적이 있다. 만일 그런 적이 있다면 앞으로는 절대 그러지 않았으면 한다. 이미 말했듯 상사가 고민을 거듭하면서 불안감을 가진 채 당신에게 어떤 일을 맡겨보려고 했을 텐데, 이렇게 말했다? 이건 다 당신이 해낼 수 있을 것이라는 결론을 내린 상태에서 말한 것이다. 그런데 못하겠다고 하면 상사도 좌절한다. 그러고는 대안을 찾을 것이다.

지금의 나도 그렇지만 예전처럼 '까라면 까야지, 무슨 말이 이렇게 많아?'라고 하지는 못하겠다. 그냥 대안을 찾을 것이고, 정 안 되면 '그냥 내가 하지, 뭐'라고 생각해버린다. 이 순간 상사가 느낀 좌절은 유감스럽게도 좌절로 끝나지 않는다.

이미 눈치챘을 것이다. 당신은 점점 그 상사의 눈 밖으로 나게 될 확률이 높다. 업무에서 자꾸 배제되면 존재감이 눈 녹듯 사라진다. 직장인으로서 존재감이란 자동차의 연료와도 같다. 자동차가 달릴 수 없다면 그 존재 이유도 함께 없어진다. 회사 일이 이상하게도 하는 사람에게만 몰리는 경우가 있다. '이번에도 용케 나를 비껴갔어! 아주 좋아!'라고 생각하면 결국은 나는 없어도 되는 사람으로 인식되는데, 이걸 즐겁게 반기는 사람이 있을까?

또한 그 상사 본인에게도 좋지 않다. 그 상사 본연의 업무도 커버해야 하는 경우가 많을뿐더러, 업무의 할당을 통해 팀원이 계속 성장해줘야 그 팀 전체의 역량이 올라가는 것이다. 그런데 일이 반사되어 돌아오게 되면 그 팀원이 일을 배울 기회를 잃게 되는 것이니까. 결국 일 하나 거부함으로써 구성원 모두가 손해를 본다. 이 점을 잊지 말고 다시금 곱씹어 보기를 바란다.

옆 팀에 일 잘하고 사람 좋은 팀원이 하나 있었다. 다른 팀에서 그 과장을 탐내는 것을 봤다. 어떤 TF(Task Force)가 하나 생겨서 나도 함께 일할 기회가 있었는데, 참 적극적이고 유쾌하면서도 진지한 눈빛을 지닌 분이었다. 그런데 재미있는 건 그 팀의 상사는 그 과장이 다른 곳으로 이직할까 봐 불안했던 것이었다. 하여튼 불안의 종류도 많고 사례도 많다. 그래서 상사도 스트레스를 받는다. 잘해도 걱정, 못 해도 걱정, 안 한다고 해도 걱정인 것이다.

그렇다고 일부러 상사에게 잘 보이려고 하지는 말자. 그의 감정을 읽으려 애쓰지 말자. 다만 그 상사의, 그리고 소속한 팀에 어떤 도움이 될까 항상 고민하자. 회사 사람들이 좋아하는 직원은 바로 각자에게 실질적으로 도움이 되는 사람이다. 내 업무부담을 줄여주는 사람이 최고다. 매일 아침에 테이크 아웃 커피를 한 잔씩 싹 돌리는 직원보다 내 일을 덜어주는 사람이 훨씬 낫다. 그리고 커피도 매일 얻어 마시면 언젠가 큰돈으로 돌려주고 싶다. 번번이 신세 지는 것도 부담인지라⋯. 사람의 생각,

감정이 다 비슷비슷하다. 서로 돈을 주고받는 사이는 아니지만, 어떤 한 사람으로부터 월급을 받는 건 같으니까.

# 눈치와 센스를
# 탑재하자

그렇게 큰 긴장감은 느껴지지 않는 팀 회의를 하던 중이었다. 8명이 앉을 수 있는 직사각형의 회의 탁자의 한쪽은 팀장 혼자, 다른 한쪽에는 팀원 5명이 촘촘히 앉아 있었다. 그런데 갑자기 팀장님이 아무 말 없이 왼손으로는 입을 막고, 오른손으로는 유리 벽 너머 어떤 방향을 가리켰다. 이쪽 5명의 반응은 각각 달랐다. 그 동작을 똑같이 따라 한 사람(지금도 그 이유를 짐작조차 못 하겠다), 갑자기 자리에서 일어나는 사람(이건 또 뭔가?), "뭔가 필요한 거라도 있으신가요?"라고 말한 사람, 아무 말 없이 일어나 회의실을 나간 사람….

회의실 밖으로 나간 S 대리님이 옳았다. 당시 그 회의에서는 팀장님만 일방적으로 말을 하는 상황이었고, 최근 기침 감기에 걸려 콜록대려던

찰라, 말없이 밖으로 손가락을 가리킨 이유는 바로, '물 좀 갖다 줘'였다. 당시 나는 영문도 모른 채 아무 움직임 없이 앉아만 있었다.

직장생활에서 눈치와 센스를 갖는 건 타고나야 하는가, 또는 후천적으로 배울 수 있는 성질의 것인가 아닌가를 오랫동안 고민해왔다. 그러면서 나는 과연 그런 눈치와 센스를 가진 사람인지 생각했다. 또한 나는 지금까지 어떻게 하면서 20년을 넘게 직장생활을 해온 것인지도 뒤돌아봤다. 그러면서 내가 잠정적으로 내린 결론은 최소한 직장생활에서의 눈치와 센스는 분명 배우고 터득할 수 있는 것이라는 점이다. 왜냐하면, 사람의 감정이 아닌 사람이 하는 '업무'와 관련이 있기 때문이다. 연애스킬, 사교스킬과는 다르다는 것을 기억해두자. 연애는 서툴러도 일은 잘하는 사람 많지 않은가?

일단 이 두 가지 거창한 스킬은 상대방의 입장을 유심히 그리고 잘 파악하는 것에서 비롯한다. 그리고 상대방의 입장을 파악한다는 건 상대방이 원하는 것, 원치 않는 것을 구별하는 것이다. 직장생활에 있어서 상대가 원하는 바는 이전 주제에서 언급한 것처럼 자신의 업무에 도움이 되는 것이라 할 수 있다. 특히 신입, 주니어사원으로서는 이렇게 하면 차고 넘친다. 바로, 상급자에게 '제가 추가로 할 일이 어떤 게 더 있을까요?'라고 먼저 묻는 것이다. 평소 친구들로부터 '센스가 없다' 또는 '눈치가 이렇게 없어서야'라는 핀잔을 들어온 사람이라도 직장에서는 조금 다르게 보일 수 있다.

나는 누가 보더라도 '일복'이 많은 사람이다. 열심히 개미처럼 일해야 겨우 먹고 산다는 게 바로 나를 말하는 것 같다. 가끔은 억울한 마음도 들지만 어찌 보면 그 일복이라 것 때문에 항상 존재감은 확실하게 가지고 다녔다. 돌이켜 보건대, 내 일복의 절반 이상은 내가 자초한 것이리라. 상대방은 시킬 생각도 하지 않는 일을 내가 먼저 '그러면 다음 번 보고 때는 추가로 다른 내용도 준비해보겠다'라고 말하고는 한다. 대부분 생각 없이 입 밖으로 튀어나온다. 그런데 이렇게 해야 나 스스로 '흠, 내가 일을 좀 하는데?'라는 자아도취에 빠져들고, 그게 알 수 없는 자신감과 열정으로 이어진다. 그러고는 마침내 내가 스스로 만들어낸 자신감이 일 해나가는 데 훌륭한 동기를 유발하는 것을 발견하게 됐다.

그렇다. 처음에는 제목과 같이 '센스와 눈치를 탑재하자'라고 생각했다. 그러고는 상사, 동료, 후배가 원하는 것이 무엇인지 가늠해보려고 노력했더니 어느새 나에 대한 동기부여로 이어졌다. 참으로 신기하고도 놀라울 따름이다. 남이 시키는 일만 마지못해서 하는 게, 마치 억지로 학교에 가고 수업시간에 책상에 앉아 있는 학생시절까지만이라는 것을 알 것이다. 아이러니한 말인데, 직장생활이란 어쩔 수 없이 하는 건 맞지만, 거기서 하는 일을 마지못해서 한다는 건 있을 수가 없는 것이다. 어떤 회사든 그런 사람들을 귀신같이 골라낸다. 그러고는 의도적으로 그 사람에게 일을 더 안겨주거나, 또는 일을 다 빼앗아버린다. 아니면 내가 스스로 먼저 사직서를 낸다.

다음은 일머리에 관한 이야기다. 직장생활에서 하나의 주요 덕목이자 스킬은 내가 아닌 남이 평가해서 붙여주는 라벨 같은 것이다. 일머리가 있다, 없다를 구분하는 기준은 사람마다 사뭇 다를 것이나, 사람들 말을 잘 들어보면 결국은 '저 사람이 내가 원하는 대로 했는지'의 여부다. 그리고 결국은 당초 설정해놓은 목표의 과녁의 테두리 안으로 들어갔는지 보는 것이다.

당신이 어떤 일을 맡게 됐을 때 무작정 의욕만 앞세워 일을 시작하지 않길 바란다. 과연 이 일을 하는 이유와 이 일이 궁극적으로 목표로 하는 것이 무엇인지 생각해보고, 윗사람에게도 묻고 확인하는 것이다. 이게 일머리를 갖고 어떤 일을 하는 시작의 정석이다. 일머리란 결국 본질과 목표를 빠르게 깨닫고 가장 효율적인 방법과 과정을 통해 진행하는 것으로 생각하자.

무슨 이유인지는 모르겠으나 왠지 병역의 의무를 수행하던 시절의 이야기를 하는 것이 가끔은 꺼려지기는 한다. 하지만 간혹 일반적인 기업에서 일하는 것보다는 희한한 일들이 자주 벌어지기 때문에 언급하지 않을 수 없다. 이른바 '까라면 까야지'라는 마인드를 가진 사람들이 유난히 많이 발견되는 것이 내가 군생활 하던 시절의 일부 군인들이다. 아무 이유도 없이 여기 땅을 파라면 파고, 저 산을 오르라면 오르고, 멀쩡히 잘 있는 무언가를 다 뜯어내고 다음 날에는 그걸 고스란히 다시 붙여 놓는다.

물론 목숨을 걸고 전쟁을 수행하는 숭고한 목적이 있는 집단이다. 그래서 인과관계 파악도 없이 취지도 모른 채 앞으로 나가는 것이 100%

나쁘다고 말할 수는 없다. 하지만 당시에도 나는 좀 아쉬운 게 있었다. 만일 이유를 알고 그 일을 했다면 좀 더 일머리 있고 효율적으로 끝내지 않았을까 하는 것이다. 어쩌면 군복만 입혀 놓으면 멍해진다는 것이 바로 그 일머리를 원천차단해서 그리된 건 아닐는지….

일머리를 갖기 위한 첫걸음은 업무의 본질을 파악하는 것이다. 그러다 보면 자연스레 내가 왜 이 일을 하는지 그리고 언제까지 끝내야 하는지 희미하게나마 짐작할 수 있다. 그럼 나머지 부분은 선배와 상사에게(그들이 귀찮아하더라도) 묻는 것이다. 이때 중요한 건, '왜 해야 하나?'가 아니라 '무엇을 목표로 하는지' 그리고 '어떻게 하면 더 효율적인지' 물어야 한다. 어휘의 선택도 중요하다. '왜'냐고 묻지 말았으면 한다. 서로 오해하지 않고 명랑한 커뮤니케이션을 하기 위해서 말이다.

그리고 일머리를 갈고 닦는 방법 중 진부하지만, 중요한 것이 바로 '우선순위 정하기'다. 갑자기 일이 몰아친다. 그런데 어떻게 하는 것인지도 아직 잘 모르겠어 미칠 지경이다. 어제 퇴근하면서 '하아, 내일은 또 어떻게 버틴담'이라고 생각하면서 엘리베이터 버튼을 누른 사람이라면 우선순위를 설정하는 방법에 대해 다시 생각해봐야 할 것이다. 이 우선순위란 건 하급자 입장에서는 정말 어려운 주제다. 내가 하고 있는 일은 모두 다 급해보이고, 다 중요해보인다. 한 사람씩 돌아가면서 내가 시킨 일은 어떻게 됐냐고 묻는다.

가끔 잊는 경우가 있는데, 상급자로부터 일을 받을 때는 목표와 기한을 반드시 확인하자. 일에 대한 지시를 듣는 것에 집중한 나머지 "네" 하고 돌아섰는데 언제까지 해야 하는지 모르고 자리로 돌아오는 경우가 있다. 사실 내가 그랬었다. 그냥 이유 없이 위축되고 눈치 보이는 신입사원이라면 뭘 물어보는 것도 망설이게 되니까. 아무리 그렇더라도 내가 직접 우선순위를 정할 수 없는 입장이라면 모든 것을 무릅쓰고 확인해야 한다. 아무 말도 없이 일을 받기만 하다간 업무 지연에 대한 책임을 고스란히 혼자 뒤집어쓰게 된다. 이때에도 잊지 말자. 밝은 표정과 의지에 찬 표정으로 상사에게 기한, 마감일에 대해 물어보자.

또한 일을 하다 보면 다른 부서와의 협업, 공동작업일 경우도 있다. 이때 효율적으로 내 시간을 지켜가면서 하는 방법은 아이러니하게도 '슬쩍 빠져 나오기'다. 이미 당신은 이 일을 맡아서 하고 있으므로, 이전에 말한 '이건 제가 할 수 있는 일은 아닌 것 같습니다'와 다르다. 객관적으로 봤을 때 지금 이 업무는 내가 할 영역이 아니라고 판단하는 순간 상대방이 수긍할 만한 근거를 준비하고, 때론 이전 단계에서 누군가 빠뜨렸거나 잘못한 부분들을 잘 정리해서 토스해버리는 것이 중요하다. 어차피 당신은 그 부분에 대해서는 잘 알지도 못한다. 조금이라도 더 아는 사람이 맡는 것이 합당해서 그렇다. 이러면 나는 나의 시간을 지켜내고, 나만의 일에 다시금 집중할 수 있을 것이다. 이렇게 하는 건 최소한 내가 소속한 팀에게도 나쁘지 않다. 당신의 팀장은 당신에게 또 다른 일을 맡길 여유가 생긴 것이니까. 팀장으로서도 본인의 팀원이 어딘지 뭔가 너무 바쁘면 말 걸기가 너무 부담된다.

눈치와 센스는 또 다른 직장생활 필수품이다. 하지만 단순한 사교적인 관계 속 사람들과 주고받는 그것과는 많이 다르다. 설령 타고난 것이 많이 없다고 하더라도 상대방이 원하는 것을 이해하고 파악하려는 노력으로 만들어낼 수 있다. 그리고 상대방의 업무부담을 내 미약한 능력으로라도 덜어주겠다는 의사표시로도 채워나갈 수 있는 스킬인 것이다. 눈치와 센스는 상대방을 알기 위한 것이지만, 결국은 나를 상대방에게 좋은 방향으로 알리는 방법이기도 하다. 이미 느꼈겠지만 내가 스스로 어떤 일을 하고자 하는 의지를 상대방에게 보여주고 있지 않은가? 이런 의지를 통해 나 스스로 동기를 부여하고 어느새 자신감이라는 부스터까지 장착하게 된다. 옆으로 나란히 서 있는 수많은 사람 속에서 "제가 해보겠습니다!" 하면서 앞으로 한 걸음 나오는 용기 있는 순간이다. 이 순간 나머지 사람들은 모두 당신의 한 걸음 뒤에 서 있는 게 보일 것이다. 이러면 나는 '모난 돌'이 되어 정을 맞을 준비를 하게 되는 것이다. 나쁘지 않다.

# 사원으로 남지 말고
# 전문가로 성장하자

누구든 어떤 일을 시작할 때 '나는 그냥 대충대충 하루하루 수습하면서 어중간한 실력을 쌓고 평생을 살 거야'라는 마음으로 시작하지 않는다. 비록 막연한 희망이나 행복회로를 돌리더라도 처음에는 누구나 자기의 업무, 크게는 업종이나 분야에서 전문가가 되고 싶어 한다. 무슨 일이든 희망 가득 찬 시작을 하는 건 당연하다. 하지만 시간이 흐를수록 처음에 마음먹은 목표, 희망은 점점 모습을 잃어가고 적응하기 바쁘고 적응되고 나면 게을러지기 마련이다.

요즘 취업 플랫폼 기업의 TV 광고 등에도 자주 나오는 '일잘러'라는 사전에는 아직 없는 표현이 있다. 사회초년생일지라도 일을 잘하는 일잘러가 되기 위해 하루하루 분투하는 모습들을 많이 본다. 단기적으로는 일잘러가 되어 회사에 잘 적응하고 본인이 맡은 업무를 훌륭하게 해낸다면 앞으로 전문가가 될 가능성이 크다. 하지만 장기적인 관점으로 볼 때 더 중요하게 여겨야 하는 점은 본인의 경력을 매력적으로 관리하는 것이다. 전문가는 본인의 열정과 의지로 스스로 만들어가는 것이 맞지만, 전문가로 불리는 것은 다른 사람이 정하는 것이니까.

전문가가 된다는 것은 단순히 시간만 많이 보낸다는 것과는 다르다. 주변에 보면 10년을 같은 업계에 있어도 '저렇게 모를 수가 있나?'라는 생각이 들게 하는 사람도 있다. 반면 이제 3년도 되지 않는 연차임에도 그 사람이 하는 말 속에 '많이 배웠네. 열심히 살았네'라는 느낌을 주는 경우도 있다.

아울러 전문가가 되기 위한 과정에서 주의해야 하는 점이 있다. 바로 당신의 이력서에 '물경력'을 담지 않도록 해야 한다. 물경력은 다른 사람이 인정하지 않는 경력을 말하는 것인데, 당신이 직장생활하면서 보내온 시간을 한순간에 의미 없게 만드는 독이다. 이직을 마음에 두고 있는 사람이라면 다시 한번 되돌아봐야 하고, 후일 이직을 꿈꾼다면 애초에 입사하고자 하는 회사를 미리 잘 알아봐야 하는 이유다.

사회초년생 입장에서 말하자면 전문가가 되라는 말이 아직은 본인과 먼 이야기라고 여겨진다. 당장 회사 출근해서 하루하루 적응하고 무사히 마치는 것도 버거운데, 언감생심 무슨 전문가 타령이랴? 더군다나 요즘 젊은 세대 직원들은 이미 어릴 때부터 기존 세대보다 더 심한 경쟁과 스펙 싸움을 해온 터라 전문가가 되는 방법이나 되려고 하는 의지도 높을 것이다. 알아서 잘해나갈 것이다. 최소한 나는 그렇게 믿고 있다. 그래서 전문가가 되기 위해 관련 지식을 배우고 이를 실무에 적용하는 방법 등에 대해서는 언급하지 않으려 한다.

중학교 후배이자 동네 친구 B군은 다소 게으른 면은 있지만 타고나는 머리와 센스를 가진 사람이다. 어릴 때부터 지금까지 보고 있는, 많지 않은 친구 중 하나다. 대학 다닐 때 이미 괜찮은 전문 자격증도 땄고, 이름 몇 글자만 대면 누구나 아는 회사에 신입사원으로 들어갔다. 부러우면 진다고 다들 그러길래, 부러워하지는 않았지만, 진심으로 축하해주고 말았다. 이후 3번 정도 이직을 하고 처음 신입으로 입사한 회사에서 배운 직무를 지금도 하고는 있는데⋯. 처음 이직할 즈음(지금으로부터 약 15년 전) 첫 회사에서 3년을 일한 시점에 문제가 조금 있었다.

헤드헌터든 취업포털이든 이력서를 내고 간혹 감사하게도 면접을 보게 되면 면접관들이 비슷하게 하는 말이 있었다.

"B씨는 지금 재직 중이시죠? 그런데 여기서 정확히 어떤 업무를 담당하신 겁니까?"였다. 이름 좀 있는 회사에 다니고 있으니 이런 질문 따위 상상조차 하지 못했다고 한다. 하지만 자세히 들어보니 이유가 있었다. 평소 본인이 하는 일, 소속되어 있는 부서가 '널널하다'라고 말해왔다. 입사해서 몇 달 배우고 지내보니 일도 별로 어렵지 않고, 야근은커녕 오후 절반 정도 지나가면 다들 텐션이 떨어져 시계만 바라보는 그런 분위기였다. 그리고 팀장이나 본인이나 별반 다를 게 없는 비슷한 업무를 하고 있더란 것이다. 이 후배의 말에 물경력의 몇 가지 예가 다 들어 있다.

회사에서 새롭게 사람을 채용할 때 이력서, 자기소개서, 경력기술서, 포트폴리오 등 구직자가 제출한 서류를 검토한다. 신입사원 채용과는 달리 '이 사람이 지금 다니는 회사 또는 이전 회사에서 무엇을 어떻게 잘해왔나'를 면밀히 살핀다. 당신이 제출한 서류를 통해 과연 그 회사에서 원하는 업무와 목표로 하는 성과를 잘해낼 수 있을지 판단하는 것이다.

당신이 무엇보다도 매력적인 커리어를 만들어 놓기 위해 당신이 신경 써야 하는 부분이 바로 '뭘, 어떻게, 잘하는지' 어필하는 것이다. 그리고 이때 가장 주의할 점이 물경력인 것이다. 그런데 심각한 건 사회초년생들의 경우에는 본인이 지금 물경력을 열심히 만들어내고 있는지 판단하기조차 힘들다는 것. 연차가 낮고 업무경험이 많지 않은데 경력이 어떻다고 말하는 게 쉽지 않기 때문이다. 이에 신입, 주니어사원으로서는 후일 물경력을 갖고 이직을 하지 않으려는 예방적 차원의 준비가 필요하다. 아래는 물경력의 예시다.

첫 번째, 앞서 소개한 B군의 예와 같이 너무 쉬운 일을 하고 있거나 일이 많지 않다는 것이다. 이게 생각보다 심각한 게 초년생으로서는 그 중요하다고 하는 경험을 쌓을 기회가 적어진다는 것이다. 솔직히 말하면 나는 직접 이런 예를 겪은 적은 없다. 늘 내 능력을 넘어서는 무서운 일들을 겁 없이 맡아서 실패하면서 지금까지 왔다. 그래서 이력서에는 쓸 내용이 많았지만…. 지금 당장 여유롭고 텐션 없이 직장생활하는 게 마냥 좋아보여도 단 2, 3년만 지나면 이직 경쟁자들과 차이는 크고, 그 결과는 씁쓸하다. 열심히 살아온 사람들이나 '고배를 마셨다'라고 말할 수 있지만.

두 번째는 직급이 올라가더라도 계속 같은 일만 하는 것이다. 당신의 팀장, 선배직원들은 어떤 일하면서 하루를 보내는가? 어느 한 부서가 존재한다면 업무의 난이도나 중요성에 따라 같은 목표를 갖더라도 하는 일은 다르기 마련이다. 그런데 5년이든 10년이든 계속 같은 일만 한다고 하면 문제가 있다. 물론 어느 일이나 기간별, 시즌별 업무 루틴은 있겠지만 그게 누가 하든 같은 일이라면 생각을 다시 해봐야 한다는 것이다. 계속 새로운 일을 계속해가면서 경험을 쌓고 자신을 발전시켜나가는 것이 중요한데, 이러면 좀 곤란하다.

마지막으로 살펴봐야 하는 것은 '내가 지금 어느 정도의 잡무를 하고 있는지' 여부다. 이전에 언급한 회사 바깥에서의 네트워킹 방법으로 알 수 있다. 업계 커뮤니티에서 나와 비슷한 연차와 경력을 가진 사람들이 어떤 업무를 하고 있는지 보면 알 수 있다. 그 사람들은 나와 비슷한 일을 하고 있는가? 아니면 당신은 그들이 주로 하는 일과 관계없는 일들도 여러 책상에 펼쳐 놓고 있는가? 이렇다면 당신은 그들과 같은 시간을 투입하더라도 그 결과는 당연히 같지 않을 가능성이 크다. 생애 최초 이직을 해야 하는 시그널일 수도 있다.

지극히 당연한 말을 하자면, 전문가로 성장하기 위해서는 많은 실무, 실전경험을 쌓고, 본인의 직무에 대한 심도 있는 공부가 병행되어야 한다. 전문 자격증을 따기 위해 공부를 더 하든, 주말에 시간을 내서 독서와 강의를 듣는 사람들이 많다. 무엇이든 본인의 노력이 따라주지 않으면 되지 않을 것들이다. 이 부분에 대해서는 각자 소속된 회사의 업종, 업계에 따라 다른 방식으로 이뤄지므로 내가 자세한 가이드를 전하기 어렵다.

하지만 다시금 강조하고 싶은 것이 있다. 누가 보더라도 매력적인 경력기술서를 만드는 게 현직에서 가장 신경 써야 하는 부분이라는 것이다. 그 중 물경력은 당신의 경력기술서를 가장 가볍게 만들어 버리는 주범이다. 차라리 공백 기간이 낫겠다. 합리적인 설명이 가능하다면 말이다.

한 회사에서 평생을 일하는 것이 훌륭한 가치라고 여기는 건 오랜 이야기다. 하지만 그 당시에는 그만큼 나와 회사가 서로를 필요로 하는 이유는 분명히 있었을 것이며, 그 이유는 아름답고 의미가 있다고 생각한다. 그러나 지금은 사뭇 다르다. 회사마다 기준은 다르지만 3년을 일해도 오래 있었다고 하는 회사도 있었고, 10년을 넘게 다닌 회사가 있음에도 이직이 잦다고 말한 회사도 있었다. 그런데도 공통으로 사람을 판단하는 기준은 바로 경력(전문성)과 물경력(경력을 갉아먹는 요소)의 유무였다. 앞으로의 경력관리에 있어, 당신의 업계, 업종에서 전문가로 성장하면서 물경력을 피하고자 항상 주의를 기울여야 한다. 그러다 보면 지금의 회사와 의견이 맞지 않을 수도 있고, 그 회사를 과감히 떠나야 할 수도 있다. 이 결정을 후회 없이 잘하기 위해서는 내가 지금 무슨 일을 얼마나 잘하고 있는지도 늘 살펴야 한다.

# 전문성이 나만의
# 브랜드가 되게 하라

우리는 마트나 어떤 매장에서 물건을 살 때 특정 브랜드를 선택하는 경우가 많다. 핸드폰은 어느 브랜드, 자동차, 냉장고, 그리고 수많은 먹거리를 어디 어디 것이 좋다고 하면서 말이다. 어떤 때는 잘 모르는 제품군을 알아볼 때는 인터넷 포털에서 가장 검색이 많이 되고 언젠가 한 번 들어본 브랜드의 제품을 고르기도 한다. 제품을 잘 모르는데도 불구하고 이런다. 이렇듯 두말할 필요 없이 소비자의 구매 행동에 브랜드라는 이름값이 가지는 영향력은 크다.

회사에서 어느 한 사람을 떠올려보자. 당신은 그 사람에게 어떤 수식어를 붙여줄 수 있을까? 얄미운, 친절하고 따뜻한, 싸가지 없는 등 이런 말이 아니라, 어떤 일을 잘하고, 어떤 업무스킬을 잘 쓰는지 말이다. 평소 말을 조리 있게 잘하고 이메일 하나라도 간단명료하게 잘 쓰는 A씨. 또는 회사에서 엑셀을 좀 한다는 사람들도 결국은 찾아가 묻게 된다는 달인 B씨, 발생하는 문제나 이슈를 항상 무리 없이 잘 처리하는 해결사 C씨 등…. 그 사람의 장점을 대변할 수 있는 자신만의 브랜드를 가진 사람들이 주위에 있을 것이다.

바로 앞서 다룬 주제에서도 언급됐지만, 전문가로 성장하는 방법은 각자 다르다. 그렇지만 한 가지 공통적인 것은 이것이다. 바로 지금까지 어떤 회사에 다녔는지 중요한 것이 아니라 당신이 어떤 특정한 분야나 업무의 전문가라는 이미지를 구축했느냐 하는 것이다. 사회초년생이나 주니어사원으로서 지금 오늘 당장 생각해봐야 할 것이 있다. 이건 아주 기본적인 요소지만, 전문성을 갖추기 위한 시간의 문제다. 흔히들 하는 말로 그 분야에서 10년 정도 일을 해왔으면 전문가라고 할 수 있다. 그러므로 지금 하는 일의 분야를 최소 10년은 지속해 나갈 수 있을지 자신에게 진지하게 물어보는 것이 중요하다. 또한 이렇게 자문할 수 있으려면 그 분야 또는 업계를 철저히 조사해보는 것이 필요하다. 간단히 말해 정확히 뭘 하는 것인지는 제대로 알고 들어가자는 말이다.

단지 막연한 생각으로 뛰어들었는데, 막상 해보니 내 적성과 맞지 않는다거나 생각보다 별로인 경우가 많으니까. 그래서 나는 '누구나 선망하는 직업'이란 말을 썩 좋아하지 않는다. 사람들은 보통 그 직업의 겉으로 보이는 좋은 점만 알지, 남모르는 고충을 알지 못한 채 "나도 너무 해보고 싶은 직업이에요"라고 쉽게 말하기 때문이다. "인생은 멀리서 보면

희극이지만, 가까이서 보면 비극이다"라는 미국의 어느 유명 코미디언의 말이 떠오르는 순간이다.

대학 1년 후배인 J는 일본계 종합상사 한국지사에서 신입사원으로 커리어를 시작했다. 그 친구를 보면 마치 10여 년 전 방송된 〈미생〉이라는 드라마가 떠오른다. 딱 그들이 하는 일과 같다고 보면 된다. 항상 새로운 아이템을 찾고 말 그대로 돈이 될지, 말지 면밀히 조사해서 거래를 성사시키는 것이었다. 일반적인 관리 업무와는 달리 도전정신과 꼼꼼함을 모두 갖춰야 하는 어렵고 힘든 일이다. 하지만 계약을 하나 성사시키고 그 계약이 큰 수익으로 이어지면 그만큼 보람과 보상도 큰 분야였다.

잘살고 있다던 그의 근황을 들으면서 세월이 지나갔다. 몇 년 전 학교 동기들과 모임에서 우연히 그 친구 소식을 듣게 됐는데, 지방 어느 소도시에 있는 학원에서 중, 고등학생들을 상대로 입시영어를 가르치는 일을 한다고 했다. 조금 놀랐다. 그의 커리어를 계속 이어간다면 지금은 어떨까 하는 생각이 든다. 어쩌면 그 친구는 훌륭한(돈이 되는) 아이템을 가지고 나와 자신만의 사업을 일굴 수도 있겠다고 혼자 상상하기도 했으니까.

그리고서는 또 얼마 후, 그 친구의 동기들, 즉 후배들 몇 명과 만날 기회에 그 친구의 이야기를 더 알게 됐다. 종합상사 업무가 너무 힘들고, 야근도 잦은 탓에 심신이 너무나도 힘들었다는 것이다. 그럴 때 마침 태어나서 고등학교까지 다닌 동네에 친구 중 한 명이 작은 학원을 차리게 됐는데, 그의 제안을 받아들여 사직서를 내고 거기로 내려갔다고 했다.

여기까지 듣는 순간 바로 떠오르는 것은? 바로 종합상사에서 보낸 10년은 그대로 물거품이 되어버렸다는 것이다. 아무리 작은 규모의 학원이라도 거기에 자녀를 보내는 학부모들이 기대치는 다르지 않을 것이다. 그 사람들이 보기에는 그 친구의 학원강사 경력은 없는 것이나 다름없으니…. 그래도 그 친구는 학부모들이 선호할 만한 학교와 전공 덕분에 서서히 자리를 잡아갔다고 한다. 물론 본인은 다시 서울에서 일자리를 찾고 싶어 했다. 막상 내려가보니 어디가 더 힘든지도 잘 모르겠고 전혀 다른 분야에서 돈을 벌자니 그것 또한 녹록지 않았기 때문이다. 하지만 다시 돌아올 수 있을지 의문이었다. 그 학원강사 경력도 다시 돌아오려고 할 때는 또 다시 물거품이 되어버리니까.

지금 들고 있는 예는 극단적으로 들린다. 하지만 여기서 느낄 수 있는 건 섣불리 제대로 알아보지도 않고 일하는 분야를 바꿀 때 마주칠 수 있는 문제들이다. 적성이 맞는지 아닌지는 둘째 치더라도 그간 쌓아온 경력이 쓸모없이 되어버리고, 또다시 새로운 경험으로 채워야 한다는 것보다 낭비는 없으니.


이처럼 한 분야에서 전문성을 가지기 위해 무시할 수 없는 요건인 시간에 대해 말했다. 이에 더해 나 자신을 브랜드로 만들어가는 과정은 어떨지 알아보자. 그 순서는 대략 이렇다. 눈치와 센스를 탑재하기 위해 우선 상대방이 원하는 것과 원하지 않는 것을 알아야 한다고 말한 바 있다. 이와 마찬가지로 자신의 전문성을 찾고 나만의 브랜드로 만들기 위해서는 우선 나를 객관적으로 알아야 한다. 본인을 객관화하기는 쉽지 않으나, 다른 사람들과의 비교, 대조를 통해 어느 정도의 신뢰할 만한 데이터를 얻을 수 있다. 즉, 내가 잘하는 것과 잘 못 하는 것을 나열해보자. 절대적이지 않아도 좋으니, '다른 사람과 비교해서 나는 이걸 잘하는 것 같다'와 같이 정리해보면 된다.

그다음에는 그 장점 중에서 내 직무, 분야의 업무를 함에 있어, 나아가 내 커리어를 관리하는 과정에서 필요한 스킬이 무엇인지 살펴보자. 여기서 외국어나 문서작성 스킬 등은 제외하는 것이 좋겠다. 요즘은 다 잘하는 부분이기도 하고 못 하더라도 손쉽게 다른 사람의 지원, 협업을 얻을 수 있기 때문이다. 한마디로, '희소성'이 없다.

만일 당신이 신제품에 대한 기획을 잘한다고 사람들에게 어필하고 싶다면? 또는 제품 패키지 디자인을 남들보다 잘한다고 한다면? 업무와 관련된 블로그 운영을 해보라고 권하고 싶다. 누군가에게는 포트폴리오가 될 것이고(이미 이렇게 많이들 하는 것으로 안다), 어떨 때는 경력기술서의 훌륭한 부록(Appendix)이 될 것이다.

평소 전문성을 갖기 위해 공부를 해야 한다고들 하지 않나? 그 과정과 결과물을 길지 않은 분량으로 쪼개서 블로그 포스팅으로 쌓아나가기 바란다. 해외의 신문기사, SNS에서 자주 언급된 트렌드 등도 함께 올려보자. 공부하고 전문성을 키운다고 했으면 그에 대한 기록과 증거가 남아 있어야 남들에게도 보여주고 어필할 수 있을 것이니까.

블로그가 요즘 시대에는 뒤처진 유행으로 보일 수도 있다. 하지만 특정 SNS가 유행처럼 피고 지는 세상 속에서 그나마 블로그는 유행을 타지 않는 매체다. 페이스북이 최고의 SNS였다가 MZ세대들이 자기들 부모 세대들과 같은 매체를 쓰는 것이 싫어서 인스타그램이 대안이 되고 마침내 대세가 된 과정이 있었다. 그다음은 어떻게 될까? MZ세대들의 자녀들은 또 다른 매체를 찾아 나설 것이 분명하다. 이런 상황에서 블로그는 시대의 변화를 민감하게 타지 않는 스테디셀러다. 이런 블로그에 나의 경력을 뒷받침해줄 기록을 쌓아놓고, 필요할 경우 이력서나 경력기술서 한쪽에 블로그 주소도 추가해보자. 이것만큼 당신을 잘 알려주는 수단이 있을까 한다.

블로그를 꾸준하게 운영하는 것은 정말 힘들고 어렵다. 처음 첫 번째 포스팅을 할 때의 포부와 열정은 금세 간데없다. 그렇다면 반대로 주기적으로 나의 업무 관련 전문지식을 공부한 결과를 올린다면 그 블로그 운영 자체만으로도 좋은 평가를 받을 수 있다. 누구나 다 가지고 있다는 '꾸준함'도 사실은 아주 중요한 스킬이지 않나.


사회초년생의 관점에서 자신을 브랜드로 만들기 위해서는 우선 내 커리어를 남들 눈에 보기 좋게 '갈고 닦는 것(영어에서도 Polishing Resume이라는 표현이 있을 정도)'이다. 이건 단순히 문서 한 장을 잘 만들기 위함이 아니다. 어쩌면 앞으로 당신이 이직할 때마다 받게 될 문자메시지의 '서류전형 입사 또는 탈락'을 가름하는 중요한 요소다. 이렇게 하려면 당신의 경력기술서는 단순함을 넘어서 '브랜드 스토리텔링'이 되어야 한다. 이제 사회생활을 시작하는 당신에게 관련 분야에 대한 전문지식을 쌓고 이를 블로그로 남기라는 것이다.

온라인으로 물건을 구매하는 빈도가 높아지는 요즘이다. 이커머스로 상품을 판매하는 수많은 업체나 개인들은 경쟁자들과 비슷비슷한 제품을 하나라도 더 팔기 위해 분투한다. 그런데 이런 유사한 제품들 사이에서 단연 돋보이는 업체들을 보면 공통점이 하나 있다. 바로 자기 제품에 대한 스토리텔링에 집중하고 또 이에 능하다는 것이다. 독보적인 장점과 셀링 포인트를 가진 제품을 만들고 판매하는 경우도 많다. 하지만 대부분은 내 제품이나 저 사람 제품이나 다 거기서 거기다. 가격이나 품질이 어느 정도는 평준화되어 있다는 점이리라.

사람들에게 자신의 브랜드를 인식시키고, 내 제품이 더 나아 보이게끔 할 방법이 스토리텔링이다. 스토리텔링이 결국 좋은 성과를 만들기 위한 하나의 방법이지만 그 제품이 겪어온 '과정'에 집중한다. 그리고 그 과정은 자신들만의 브랜드와 제품이 어떻게 만들어지고 세상에 나왔는지를 보여준다. 소비자에게 감동을 주고, 또 공감을 끌어낼 수 있도록 말이다. '나'라는 브랜드도 같은 과정을 거치도록 해야 함을 기억하자. 물경력을 최대한 피하고, 전문지식을 공부하면서 그 과정을 블로그로 기록해보자. 작은 기록들이 쌓이면 스토리가 된다. 팔만대장경도 결국 한 글자, 한 글자가 모여 이루어진 것이다.

# 때로는 변화를
# 기꺼이 반겨라

코로나19가 전 세계를 휩쓴 약 2년이 넘는 기간 동안 직장생활의 모습은 꽤 바뀌었다. 북미지역이나 유럽지역의 경우 많은 기업이 '재택근무(Remote Work)' 또는 '하이브리드 워크(Hybrid Work : 출근과 재택근무의 혼합형)'를 채택하면서 많은 직장인의 생활패턴을 변화시켰다. 그 변화 속에서 긍정적이거나 부정적인 의견, 그리고 다양한 적응방식이 사람들의 이목을 집중시켰다. 한국도 대기업 등 일부 기업에서 이와 같은 근무환경을 변화를 꾀하기도 했다. 이에 대한 근로자들의 반응은 다양했다. 출근을 안 하니 통근시간까지 일에 집중할 수 있다는 사람이나, 사람들과 직접 대면하지 않아 마음의 안정을 얻었다는 사람, 또는 사람들과의 교감의 기회가 줄어들어서 오히려 우울감이 생겼다는 사람 등 여러 가지 반응을 볼수 있었다.

변화라는 말도 이처럼 긍정과 부정의 이미지를 동시에 가진 듯하다. 사람마다 다른 반응을 끌어낼 수 있는 신기하고도 호불호가 갈리는 단어다. 누군가에게는 지금까지 없었던 기회를 얻을 설렘으로 다가올 것이지만, 다른 누군가는 자신이 지금 가진 것을 빼앗아가려는 위협으로 여길 것이다. 이러한 변화는 직장생활하는 우리에게도 예외일 수 없는데, 직장인에게 변화란 주로 나 자신이 의도하거나 계획하는 것은 아니다. 회사에 어떤 변화를 불러일으킬 수 있다면 그 사람은 그 회사에서 꽤 높은 직위에 있거나, 정말 보기 드문 창의성과 리더십을 가진 사람일 것이다. 즉, 대부분의 직장인은 일단은 수동적으로 변화를 맞는 것이 일반적이다. 마치 연락도 없이 물건을 팔아달라며 회사 로비로 찾아온 이름만 아는 중학교 동창과 같다. 원치도 않는데 갑자기 찾아온다.

직장생활을 하다 보면 주로 이런 크고 작은 변화들이 찾아온다.
1. 새로운 제품을 기획한다(몇 번 언급한 적 있어서 기억할 것이다).
2. 회사가 지금 펼치고 있는 사업이 잘 되든, 잘 안 되든, 미래의 가치를 확보하기 위해 새로운 사업을 검토한다.
3. 새로운 시스템, 프로그램 등을 도입하는 것 등이다.

가끔 보면 회사에서 이 부서, 저 부서에서 사람들을 끌어다가(차출해서) TF를 만든다. 방금 말했듯 기존의 틀에서는 해 본적 없는 새로운 무언가를 기획하고 도모하기 위함이리라. 나도 몇 번의 TF를 경험한 적이 있다.
첫 회사에서는 경영정보시스템을 새로이 구축하고 운용하는 데 필요한 TF였다. 이전 10년간 사용해오던 시스템을 큰돈을 들여 업그레이드하는 것이 목적이었는데, 영업본부 소속이었던 나도 이 TF에 차출되었다. 회사는 직접 이 시스템을 쓰고 있는 실무자급 인원이 필요했던 것이었고, 평소 이 시스템에 불편함이나 개선점에 대해 내 의견을 피력하고다니던 내 모습을 본 팀장의 추천 때문이었다.

조금 의외였다. 보통은 팀장들은 자신의 팀원이 TF에 '끌려가는' 것을극도로 싫어한다. 일단 업무 공백이 큰 이유다. 내가 팀 업무에서 일정 기간 빠지게 되면 남은 팀원들이 그 일을 대신 해줘야 하니까. 팀장으로선인원 공백이 생기면 말 그대로 그만큼의 고민이 생긴다. 그리고 나 자신도 TF 차출이 반갑지는 않았다. 당시에는 그냥 그게 싫었다고 하는 것이솔직한 심정이었다. 다들 비슷한 반응일 것이다. 이런 말들 하지 않나?"이걸요? 제가요? 왜요?"

3개월 정도 TF에 있었다. 온종일 앉아서 영업에서 하는 업무절차에 따라 전산시스템의 각 단계에 실무의 사례를 적용하고 테스트하고, 오류를 찾아 보고하는 것이었다. TF에 있으면서 신기한 점을 깨닫게 되었다.평소 어떤 부분에서 제대로 100% 이해하지 못하고 있었던 것들을 확실하게 이해하고 터득하게 되었다는 점이다. 뭔가 찜찜한 것들이 명확하게드러난 순간들을 보게 된 것이다. 결국 내가 하는 사소하지만, 꼭 해야하는 일들에 대한 전문성을 얻게 되어 내심 기뻤다. 안 한다고 버텼으면,안 할 수 있었던 일이었는데 그냥 부딪혀 본 것이 결국에는 내게 득이 되었다. 그 이후 나는 다른 회사에 이직해서도 새로운 사업이나 제품의 기획 등에 참여하는 것에 망설이지 않게 됐다. 변화가 다가올 때 전혀 물러서지 않고 주저 없이 시도하는 것에 익숙해진 것이다. 무언가는 분명 나의 역량을 키우는 데 도움을 줄 것이라는 확신을 가지면서….

이렇듯 회사에서 새로운 사업을 검토한다거나, 새로운 제품을 계획하고, 또는 새로운 시스템을 도입한다고 할 때 과감하게 자발적으로 지원해보자. 소속팀으로부터 욕은 좀 먹을 수 있다. 다양한 경험을 쌓고, 회사 내부의 네트워크를 넓히는 데 이보다 더 좋은 기회는 없다. 물론 현재 소속된 팀의 팀장, 상사, 선배들에게는 조금은 미안한 일일 수 있다. 그래도 도전해보자. 누구의 눈치를 보면서 내 삶이 더 나아지기를 바라는가? 남들이 내 인생을 돌봐주거나 책임져주지 않는다는 것을 알면서도 머뭇거리거나 단념할 필요는 없다. 재미있는 점 하나 더 있다. 한 번 TF에 참여한 경험이 있다면 당신은 다음 또 다른 TF에 차출될 가능성이 아주 크다. 이상하게도 사람들은 해본 사람을 또 시킨다.

신입 또는 주니어사원인 당신은 아직 커리어로는 내세울 것이 별로 없을 것이다. 당연히 이제 시작한 사람에게 큰 것을 바라는 것도 이치에 맞지 않는다. 아직 어떤 직무에 있어서 전문가도 아니며, 자신만의 브랜드를 갖고 있지도 않다. 지금 고개를 돌려 사무실에 있는 사람들을 둘러 보자. '나는 언제 저 자리까지 가나?'라고 생각할 것이다. 이런 상황에 처해 있을 때 이른바 벼락같은 변화를 몸으로 겪은 한 예가 여기 있다.

중소 제조업체의 자금팀 사원으로 사회생활을 시작한 고등학교 후배 C군은 본인의 스펙이나 학벌에 비해 취업을 잘하지 못했다고 여겼다. 그렇다고 그렇게 큰 불만을 느끼고 회사에 다닌 건 아니었고 나름 잘 적응하면서 지내던 참이었다. 입사 후 년의 시간이 흐른 즈음에 그에게는 적잖이 놀랄만한 소식이 생겼다. 그 친구가 다니던 회사가 당시 인수합병의 큰 손이라고 불리는 모 그룹에 매각된 것이었다. 보통 이때 드는 생각은 다 똑같다. '나는 어떻게 되는 거지?'다. 우리가 알고 있는 '인수합병'이란 회사 대 회사의 통합이라는 개념보다는 팔린 회사 직원들의 향후 거취가 더 큰 관심거리다.

인수한 회사 입장에서는 인수된 회사의 인원과 조직구성을 '합리화'한다는 목적으로 명예퇴직을 받거나 인원감축을 하기 마련이다. 이때 각 직원의 희비가 엇갈린다. 정리되어야 하는 대상은 물론이려니와 '살아남는' 직원의 심정도 마치 트라우마와 같은 상흔이 남는 경우가 종종 있으니까.

물론 C군은 연차가 낮은 경우고 그간 부서의 크고 작은 잡무와 데이터를 관리해온 사람이었으므로, 나와 주위 사람들은 "끝까지 붙어 있어 봐"라고 제안했다. '말 그대로 큰 회사에서 인수했으니 어쩌면(운이 좋으면) 돈 많은 새 아빠를 얻은 것 아닐까?'라고 생각한 사람들이 꽤 있었다. 그는 새롭게 구성된 통합부서에서 기존 회사의 정리와 함께 새롭게 주어지는 일에 대해 적극적으로 임했다. 그리고 새로운 팀장과 임원들이 만들어 놓은 그 조직의 일원으로 녹아들기 위한 노력을 게을리하지 않았다. 어쩌면 그저 그런 회사의 자금팀 막내사원으로 남을 뻔했지만 충격적일 수도 있는 변화에 용기 있게 맞선 그의 적극적이고 유연한 태도가 그를 다른 사람으로 만들게 된 것이다. 결론적으로 남기로 한 것이 잘한 일이 됐다. 그는 인수한 회사에서 계속 자금팀에서 일하다 그룹사의 외부 투자 부서로 옮기는 괜찮은 변화를 겪었고, 몇 차례 좋은 이직을 거친 후 지금은 미국의 투자사를 포함한 몇 단계의 투자를 받은 유망 스타트업의 CFO로 일하고 있다.

누구나 변화는 달갑지 않다. 나름 지금까지 잘 해왔는데 그걸 다 포기하고 새롭게 적응하고 배워야 하니 귀찮고 두렵기도 하다. 하지만 지금 이런 귀찮음과 두려움은 신입, 주니어사원들이 가질 마인드가 아니다. 이제 사회생활을 시작하는 수준에서 사실 배운 것, 쌓아놓은 것도 많이 없다. 더군다나 잃을 것도 많지 않다. 그렇다면 새로운 변화, 새로운 질서와 가치판단 기준에 오히려 재빠르게 적응하면 기존 세대들을 앞질러 나갈 수 있을 것이다. 도전해서 실패하더라도 결국은 그 실패의 기록들이 당신의 성공과 성취라는 역사의 서론이 되어줄 것이다.

## 5장

멘탈을 잡으면,
취업해도 행복할 수 있다

# 직장에서 행복하게
# 일하고 싶다면

행복한 직장생활이란 말 속의 두 단어는 서로 모순적으로 들린다. 직장생활을 하면서 행복한 순간이 얼마나 될까? 굳이 꼽아보자면 입사지원한 회사에서 합격통보를 받을 때 정도일까? 첫 출근을 한 날부터 지금까지 되돌아보자면 말이다. 일단 나부터도 출근하는 행위 자체가 힘들고 짜증나는 경우가 한 해에도 부지기수다. 회사에서 주는 월급을 받기 위해 아침 일찍 일어나 무거운 몸을 질질 끌고 나선다. 20년을 넘게 직장생활을 해도 이 모양이니, 사회초년생의 부담감과 우울함은 분명 더 할 것이다.

특히 나 같은 경우, 회사에 출근해서 온종일 그곳에 얽매여 지내야 한다는 것이 이상한 증상으로 나타나기도 했다. 신입사원 시절이었는데, 이상하리만치 피곤하고 졸음이 마구 쏟아졌다. 심지어는 같은 팀 팀장,

선배들과 점심을 먹으러 가서 식탁에 앉아 천근만근 무거운 눈꺼풀을 끌어 올리느라 너무 힘들었다. 식사하면서도 아무 맛도 느끼지 못하고 마치 아이들이 가지고 노는 슬라임을 씹는 것 같았다. 그런데 신기한 건 오후 5시가 되면 정신이 번쩍 들었다는 점이다. 누가 그랬던가, '직장인이 가장 맑은 정신일 때는 오후 5시에서 6시 사이다'라고.

지금 돌이켜보면, 당시 내가 처한 상황에 대한 불만과 아쉬움이 극도의 졸음으로 나타나는 것 같다. 전공을 살려 대학원에 진학하고 싶었지만, 경제적인 여건상 잠시 꿈만 꾸다가 단념했다. 그러고는 그렇게 크게 원하지 않았어도 '오라고 할 때 가자'라는 생각으로 첫 직장에 들어가게 된 것이다. 누군가를 탓할 상황은 아니었으니 그 불만을 내 몸속에서 스스로 삭히는 과정이었지 않나 싶다. 하지만 이왕 들어간 회사에서 조금이라도 덜 불행하게 지내고 싶었다. 이렇게라도 하지 않으면 그간 살아온 내 인생이 너무나 비참할 것 같았기 때문이다. 말 그대로 행복하고 싶은 게 아니라 '덜 불행하고 싶었던 것'이다.

직장생활을 불행하게 만들 가능성이 큰 것들이 무엇일까? 이 불행을 가져올 요소들을 찾아내고 조금이라도 줄일 수 있다면 한 발짝 행복으로 다가서는 것이 아닐까 한다. 그중에서 상당히 큰 비중을 차지할 만한 것, 직장생활의 업무적, 심리적인 성패를 좌우하는 것이 있다. 나는 단연코 상사와의 관계라고 본다. 업무적인 부분이야 "죄를 미워하되 사람을 미워하지 말라"는 말처럼 '객체'일 뿐이다. 객체일 뿐인 업무는 때로는 가

열차게 어떤 사람에게 깨지면서, 때로는 어떤 사람에게 칭찬을 받아가며 배우면 되는 것이다. 일을 하는 주체, 더군다나 내가 하는 일을 주관하고 디렉팅하는 그 어떤 사람(상사)과의 관계를 잘 만들어 놓으면 회사생활과 업무의 난이도는 급격하게 떨어질 것이다.

몇 번 언급했듯이 그 회사에서의 내 생활의 성공과 실패는 결국 상사와 함께 만들어내는 것이다. 어떤 회사에 다니느냐가 아니라 어떤 상사를 만났느냐는 의미다. 이렇게 말하면 지나치게 운명론적으로 들린다. 내가 정한 것도 아니고 첫 대면에 나와 맞지 않는 것 같다고 "바꿔주세요, 환불해주세요"라고 할 수도 없는 것 아닌가? "○○님은 저와 인연이 아닌 듯해요"라며 소개팅 상대방에게 문자를 주고받는 것이 아니라는 말이다. 그러니 더욱 당혹스럽다. 내가 결정할 수 있는 것이 아니라는 것이.

길지 않은 해외 주재원 생활을 끝내고 본사로 돌아오기로 결정이 났다. 부임한 곳에서 했던 업무와 생활을 정리하고 돌아갈 준비를 하는 참이었다. 본사에서 나는 어느 팀으로 갈지 궁금해서 인사 담당자들에게 문의하고 기다리고 있었다. 답이 오는데 생각보다 훨씬 긴 시간이 걸렸다. 한 담당자인 K선배에게 왜 이렇게 오래 걸리는지 물었다. 내가 타국에 있으면서 그분의 '원격도움'도 많이 받아왔고, 평소 허심탄회하게 서로 대화를 해온 터라, 어렵지 않게 이유를 들을 수 있었다. "그게 말이야, 영업본부 전체로 봐도 네가 들어갈 자리가 없다고들 하네…. 받으려고 하는 팀이 없어." 대략 예상은 했었다. 본사 조직도 항상 타이트하게 인원을 구성해서 운영되니 갑자기 자리가 날 리 만무했다. 더군다나 머리 커진 고참 과장급 인력을 자기 팀으로 불러들일 팀장들이 거의 없었다. 현재 자신의 팀에 나와 같거나 비슷한 급의 팀원들이 다들 있었기 때문이다. 나는 내심 '한국에 돌아가지 않고 그냥 여기서 이직 자리를 알아봐야 하나' 이런 생각까지 했더란다.

그래도 자리는 한 자리가 나게 되었다. 미혼 상태에서 주재원 생활을 하다 보니 결혼 적령기를 많이 지나쳐버린 상황이라 본사 복귀는 예정된 수순이었다. 감사하게도 나를 '받아주신' B 팀장님과 첫 대면을 하고 나는 조금씩 다시 본사생활에 적응해나가고 있었다. 마치 신입으로 또는 경력으로 새로운 회사에 들어간 듯한 느낌이 들었다. 어쩌면 이 시절이 나에게는 처음으로 이직을 한 듯한 유사경험과 같았다.

몇 달 동안은 그간 해외 지사장들과 해온 업무 스타일에서 새로운 팀의 방식으로 옮겨가는 것에 익숙해져야 했고, 내가 없는 동안 새로 회사에 합류한 많은 사람과 대면하느라 바쁘게 지냈다. 물론 업무량도 많아졌다. B 팀장님의 평소 업무 스타일에 적응하는 것도 나름 쉽지 않았지만, 그래도 그간 쌓아온 내 경험이 나름대로 잘 따라갈 수 있게 해줬다.

내가 새로 소속된 팀의 팀장과 새로운 관계를 구축하는 데 있어 미리 결심하고 온 것이 '상사를 내 고객처럼 관리하자'라는 것이었다. '고객이라니 무슨 소린가'라고 의아해할 것이지만, 고객을 대함에 있어 내가 가장 강조하고 싶은 점이 '그 고객의 문제를 해결해주는 것'이다. 또한 귀

기울여 상대방의 말, 의견, 지시를 드는 자세도 필요하다. 물건을 팔기 위한 단순하고 직선적인 자세로 고객을 대하면 고객은 뒷걸음친다. 그러면 나는 매출을 올릴 기회를 영영 잃을지도 모른다. 경청하고 그 사람이 원하는 것을 정확진 않더라도 짐작해보고, 또 그 짐작을 실행해서 제공하는 것을 목표로 했다.

그렇다고 해서 비굴해지고 치사해져보자는 것이 아니다. 본래 고객과 판매자의 관계는 재화/서비스를 금전과 교환하는 동등한 관계다. 다만 다수의 판매자가 등장하고 고객(구매자)의 지위가 올라가면서 이른바 '갑을관계'가 만들어진 것이다. 그런데 갑을관계를 무릅쓰더라도 물건을 팔려고 하는 이유는 뭘까? 당연히 파는 사람은 이 거래에서 어떤 이익을 얻을 수 있기 때문이다. 상사와 나의 관계도 그렇다. 상사를 고객처럼 생각하고 업무상 생기는 그 사람의 문제를 해결해주려고 노력해보자는 것이다. 그 시선에서 출발하면 팀 업무가 돌아가는 상황을 더욱 잘 파악할 수도 있을 것이다. 이건 또 다른 이전 상사와의 이야기지만, 같이 일을 더 이상 하지 않은 지 여러 해가 지났음에도 지금도 종종 연락하고 업계 이야기, 사업 이야기도 나누고 그런다. 내 오랜 고객이 된 셈이다.

한 가지 더 말하고 싶은 것이 있다. 바로 회사 사람들과의 적당한 거리를 둔 좋은 관계를 만드는 것이다. 어쩌면 이미 학생시절부터 이렇게 해온 사람들도 있을 것이다. 같은 반, 같은 과의 모든 사람과 친하게 지냈던가? 이해관계가 별로 없는 학생들 사이에서는 혹시나 그럴 수도 있겠다. 하지만 직장생활은 설령 직접적인 이해관계가 없다고 하더라도 자기 자신을 훨씬 더 방어적으로 감싸고 타인을 대한다. 쉽게 말하자면 그 냥 내 홀몸 건사하는 것도 힘들다, 그리고 그 외의 것들에는 귀찮고 관심 없고 싶어 한다. 그러니 모든 사람과 다 친해지고 가까워져 가면서 회사 다닐 필요 없다. 괜스레 본인의 심적 에너지만 허비할 뿐이다. 이것도 그 저 스트레스가 될 뿐이다. 인사를 해도 받지 않는다고? 그냥 이전에 말한 인사 포인트나 챙기자. '나는 너한테 인사했다!'라면서. 그저 본인의 마음 을 지켜가면서 적당히 친하고 적당히 멀게 유지하자. 그리고 그 남은 에 너지를 가족, 연인, 친구들에게 쏟자.

회사에 다니는 이유는 몇 가지가 있지만, 그 우선순위는 사람마다, 케 이스마다 다르다. 돈을 벌고 생계를 유지하기 위한 이유도 그중 하나다. 하지만 어떤 사람에게는 돈만큼 중요한 것이 인정받고 싶어 하는 욕구 다. 또 다른 어떤 사람은 직장생활에서 삶의 활력을 얻기도 한다. 열심히 평생을 일해 오다 은퇴를 맞이하는 사람들이 느끼는 무력감과 상실감을 보면 알 듯 하다. 이런 반대의 예를 통해 알 수 있는 것이 있다. 우리가 비 록 평일 아침에는 그렇게 일어나기도 싫고 출근하기도 싫지만, 주변 분 들의 '은퇴 후 무력감'을 생각해보면, 이래저래 실제로는 직장생활이 우 리에게 무언가 살아가는 에너지를 주고 있는 것 같기도 하다. 이렇듯 어 느 정도의 에너지와 행복감은 이미 손에 넣은 셈이다. 그렇다면 나머지 행복을 채우기 위해 상사 그리고 직장 사람들과의 관계를 슬기롭게 만들 어나가는 것이 가장 중요하다. 나의 물건을 사주는 고객에게 '적당히, 에 너지를 아껴가면서, 그리고 또 적당히' 말이다.

# 동료의 성격을
# 바꿀 수는 없다

세상에는 내가 어떻게 해볼 수 없는 일들이 대부분이다. 내가 스스로 통제할 수 없는 경우가 많아, 때때로 낙담하고 실망한다. 심지어는 나 자신도 내 마음대로 어떻게 할 수 없는 때도 많다. 해야 할 일을 자주 미룬다든가, 결심한 것들을 제대로 실천하지 못하는 경우가 많을 것이다. 차라리 나 자신을 컨트롤하지 못하는 건 어느 정도 해결할 수 있을 것 같다. 작심삼일이란 말이 흔히들 입에 오르내리지만, 이 작심삼일을 여러 번 반복하면서 실천하는 기간을 조금씩 늘려나가면 되기 때문이다. 즉, 실패해도 다시 같은 결심을 하고 또 짧게나마 행동으로 옮기는 걸 반복하면 될 것이다. 이때 중요한 건 자기 자신을 책망하지 않는 것이다. 이것만 하지 않으면 된다. 대신 자신을 응원하고 기를 불어 넣어주기 바란다.

하지만 다른 사람의 마음은 어떠한가? 친구, 연인, 배우자의 생각과 행동을 내가 내 마음대로 움직이게 할 수 있을까? 개인의 존엄과 개성은 당연히 지키고 존중해야 하는 것일 텐데, 절대 쉽지 않은 일이다. 심지어 아직 나이가 어린 초등학교 아이들의 생각과 행동도 100% 통제할 수 없다. 요즘에는 오히려 일부러라도 그렇게 하지 않는 부모들이 대부분이다. 예전처럼 무조건 윽박지르고 부모의 생각을 주입식으로 강요하며 아이들을 키우지 않으니까. 더군다나 부모가 강요한다고 해서 애들이 더 잘되는 것도 아니다. 어릴 때부터 자기가 직접 자기 일을 결정하도록 유도하는 것이 훨씬 좋은 방법이라고 생각한다. 자유로움을 통해 책임감을 기를 수 있도록 말이다.

이전에 말한 내가 참여했던 첫 번째 TF는 매일 오후 5시에 정기회의를 진행한다. TF에는 각 부서에서 선발된(이라고 쓰고 '끌려온'이라고 읽는다) 사람들, 회사 전산팀 사람들과 외주 개발사 직원들이 모두 참여한다. 여기서 하루 동안 테스트 프로그램을 실무에 적용하면서 마주쳤던 문제, 오류 등을 공유하고 개선을 요청한다. 같은 영업본부에서 참여한 내 입사 동기 직원 한 명이 기억난다. 이 친구도 어찌 보면 자발적으로 이 TF에 뛰어들었는데, 본인이 이런 쪽에 관심이 많고 잘 안다고 스스로 생각했기 때문이란다. 'Y씨라면 이거 하고 싶어 할 만하네'라고 넘어갔다.

평소 Y씨는 성격이 굉장히 급하고 뭐든 자기가 주도하려고 하는 타입이었다. 나는 그런 그를 나쁘다고 생각한 적은 없었다. 동기 중에서 나이도 제일 많았고 해서 동기들끼리 윗사람들 몰래 회식이라도 할 때, 마치 회장처럼, 총무처럼 도맡아서 이끌었다. 또한 그가 속한 팀도 그와 비슷한 성격을 가진 팀장과 선배들이 있어서 팀 케미도 잘 맞아 보였다. 동기 중에서 회사생활에 가장 잘 적응하는 사람이었던 것 같다.

영업본부에서 차출된 사람들은 그리고 보니 다 신입사원들이었다. 워낙에 영업 쪽 사람들이 회사에서 뭔가 한다고 하면 제일 협조가 안 되는 사람들이다 보니, 죄다 팀의 막내들이 오게 된 것이었다. TF가 출범하고 한 달이 흐른 즈음이었다. 비록 자발적으로 시작한 일은 아니지만, 처음에는 기왕 하는 거 의욕 있게 시작하자는 분위기였다. 그런데 이때쯤 되니 다들 다람쥐 쳇바퀴 도는 일이 슬슬 권태로웠나 보다. 더군다나 팀의 업무를 거의 하지 못하다 보니 약간의 불안감도 있었다. 나도 아침에 팀에 인사만 하고 TF가 있는 서버실 옆 회의실로 갈 때, "어이, 김 사원! 요즘 얼굴 보기 힘드네?"라며 씩 웃는 팀장을 보니 씁쓸하기도 했다. 자기가 보내놓고도 말이다.

Y씨는 그래도 잘 버티고 있었다. 오히려 내가 보는 문제점은 그가 너무 일을 벌인다는 것이었다. 전산팀장이나 영업관리팀장은 그런 그의 태도를 높이 사고 있었으나, 내가 보기엔 수습하지도 못할 아이디어를 쏟아내서 다른 동기들의 반감을 샀다. "아, 형! 좀 일 좀 만들지 마. 어차피 이거 나중에 실용화되면 영업 파트만 힘들어!"라고 말하기도 했다(지금 생각해보니, '형'이라고 부르는 건 좀 아닌 것 같다. 하지 말자).

나는 이러면 안 되겠다 싶어 그가 불같이 내놓는 아이디어들을 선별해서 테스트해야겠다고 생각했다. 이때 내가 그에게 내놓은 제안은 우선순위를 정하는 아주 기본적인 것이었다. 그리고 단계별로 제안할 수 있는 이른바 순서와 레벨을 구분하도록 유도했다. 사실 나는 그에게 이런 제안을 하기 전엔 '한 번 크게 부딪힐 수도 있겠구나' 하고 각오까지 했었지만, 오히려 그는 내 의견을 잘 받아줬다. 다행이었다. 일도 줄고, 내 스트레스도 줄었으니.

앞에서 든 예의 Y씨와 정반대의 사람이라면 어떨까? 이럴 때는 내가 Y씨의 역할을 맡으면 된다. 보통 그 정반대의 성향이 있는 사람이라면 때에 따라 너무 신중하고 생각이 많아 시작을 잘하지 못하는 사람일 수 있다. 이럴 때는 내가 주도해서 함께 앞으로 나아가는 것이 함께 목표로 하는 무언가를 이루는 길이 아닐까 한다. 물론 직장생활에서 동료란 '일로 만나는 사이'다. 일로 만나는 사이라면 나의 협력자일 수도 있고, 경쟁자일 수도 있다. 이런 상황이 번갈아가면서 올 수도 있고, 때론 한순간에도 뒤섞여 다가올 수도 있다. 하지만 어떤 상황이 오든 당신의 회사는 당신이 회사가 목표로 하는 것을 실행하고 이윤을 추구하는 데 기여하기를 강력히 원한다. 직장인이란 어찌 되었든 성격이나 성향의 차이를 무조건 극복하고, 때로는 나를 억누르고, 어떤 때는 서로 배려해가면서 함께 일해야 하는 처지다.

그리 오래전의 일은 아닌데, 예전에 한 팀원은 너무나도 조용한 성격이었다. 온종일 말을 거의 하지 않았다. 업무시간에는 말할 필요 없었고, 점심시간이나 회식 때도 말을 많이 하지 않아 내가 좀 답답했었다. 문제는 평소 내가 중요하게 생각하는 '중간보고'를 잘 하지 않고, 위에서 의도하는 방향과 멀리 떨어진 결과물을 갑자기 내놓는 것이었다. 그래서 처음부터 다시 시작해야 하는 경우도 종종 있었다. 이건 명백한 시간, 인력 낭비다. 몇 번 이런 일이 반복되자 나는 도저히 안 되겠다는 생각이 들었다. 변화가 필요했다.

성격이야 고칠 수 없다손 치더라도 업무의 방식은 올바른 방향으로 이끌어주고 싶었다. '그래, G 과장 네가 그런 사람이라면, 대화의 방법을 바꿔야지'라고 생각하고 기간을 한정해두고 일대일 아침 미팅을 했다. 9시가 되면 말 한마디 하지 않은 채 작은 회의실로 향했다. 물론 바로 일 이야기를 하는 건 아니었고, 이런저런 뉴스 이야기나 실없는 농담을 내가 일방적으로 시작하면서 회의를 했다. 하루 10분 정도 했던 것으로 기억한다.

이걸 한 분기 정도 계속했다. 그러던 어느 날인가, 그 과장이 출근하자마자 노트를 들고 내 앞으로 왔다. 그러면서 간밤에 어느 고객사 담당자와 다음 해 예상 발주 수량에 대해 협의했다면서 자초지종을 설명하던 것이었다. 나는 이내 "이야~. G 과장 드디어 말문이 트였다!"라고 반색을 하며 좋아했다. 그 이후 그 친구가 그렇다고 해서 크게 성격이 달라지거나 한 건 아니었다. 하지만 그 전과 비교하면 장족의 발전이었다고 본다. 그리고 나는 그 과장이 속으로 얼마나 큰 노력과 결심을 했을지 생각해보게 됐다. 힘들었을 것이지만, 일을 하려면 커뮤니케이션은 기본 중의 기본이다. 그걸 모르는 게 아니었으니 노력에 노력을 한 것이라 짐작한다.

나는 그가 본인의 성격을 바꿨다고 생각하지 않는다. 아마도 그는 퇴근하고 집으로 돌아가면 다시금 말 없는 사람이 될 것이다. 아니면 회사에서만 조용한 사람일 수도 있겠다. 그 당시에는 이걸 생각 못 했었다. 어쩌면 나 때문에 조용한 사람 행세를 하고 있었을 수도 있다.

결국 그 친구는 나의 방식을 받아들인 것뿐일 것이다. 나도 그 친구의 성격을 바꾸고 싶었던 건 아니다. 단지 커뮤니케이션을 해야 하는데 먼저 말하지 않기 때문에 내가 답답해서 자리를 마련한 것이었다. 매일 출근하자마자 회의실로 끌려 들어가는 걸 누가 좋아하겠는가? 나부터도 싫었으니 G 과장은 너무나도 더 싫었을 것이다. 하지만 그래도 해야 했다. 회사에 왔으면 일은 해야 하니까.

동료의 성격은 바꿀 수 없다. 다소 부정적으로 쓰이는 말이 있다. '사람은 고쳐 쓰는 거 아니다'라는 표현이다. 좋든, 나쁘든 그러하다. 사람이 잘나든, 못나든 자신만의 가치관과 선입견을 가지고 살아간다. 내가 필요하다고 생각할 경우, 상대방에게 맞추면 된다. 그래야 원하는 것을 얻고 목표로 하는 곳에 도착할 수 있다. 굴복한다, 휘둘린다고 생각하지 말고 내 소기의 목적을 이루기 위한 과정으로 생각하자. 그래야 나의 멘탈도 평온해진다. 마치 신호등이 없는 길을 건널 때 지나가는 차들을 더 유심히 살펴야 하는 것과 같다. 그 차가 지나가야 나도 건널 수 있다. 직장생활의 인간관계를 이와 비슷하다고 여기면 좋겠다. 그가 가고 싶은 방향으로 가게 놔둬야, 나도 내 갈 길을 마음 편히 갈 수 있음을.

# 경쟁심이 지나치면
# 나만 손해다

이미 경쟁이라면 지긋지긋할 것이다. 긴 경쟁의 늪에서 벗어나 지금 다니는 이 회사를 선택하거나 선택되기까지 얼마나 많은 크고 작은 경쟁을 견뎌왔는가? 웬만한 스펙으로는 수백 군데 입사지원을 해도 면접 보러오라는 이야기는 없다. 설령 면접을 보게 될 기회를 얻더라도 같이 면접 본 옆의 그 사람 때문에 나는 또 낙방의 쓴맛을 본다. 길게 보면 초등학교 입학부터일 것이고, 짧게 보자면 취준생이라는 힘든 터널을 지나기 시작할 때부터 우리에게는 경쟁이 내 인생의 동반자인 양 늘 함께해왔다.

취업에 성공했다고 드디어 경쟁이 내게 이별을 고하던가? 오히려 겉으로 드러나지 않는 모습으로 여전히 경쟁이란 녀석이 당신의 일상을 따라다닌다. 겉으로는 서로 미소를 주고받으며 일하지만 당장에 다가올 연말

인사고과는 어떻게 할 것인가? 이번에도 일정 등급 아래로 떨어지면 승진은커녕 피 같은 월급이 깎일 지경이 될 수도 있으니….

　나에게도 실제 벌어진 입사 후 경쟁과 관련된 이야기가 있다. 회사에서는 신입사원들이 들어올 때마다 실제 업무 관련 내용을 담은 과목들과 예절교육(이것을 '프로토콜'이라고 부른다) 등을 몇 달에 걸쳐 진행했다. 여러 과목에 대한 기초 이론교육들을 진행하고 매주 시험을 치른다. 그리곤 과목마다 평가를 해서 그 결과를 1등부터 꼴찌까지 매겨서 사내 게시판에 올리고, 각 부서장에게도 이메일로 통보했다.

　이 결과발표가 나를 포함한 신입사원들에게는 무척이나 큰 부담으로 다가온 것 같았다. 그도 그럴 것이 그 결과가 공유되고 나면 주위 사람들의 입에 오르내리기 때문이었다. "아니 너는 어떻게 20명도 안 되는 동기들 사이에서 이렇게 바닥을 깔아주면 어떡하니?" 밑에서 세면 너무 빠른 등수잖아?" 나름 소싯적에 공부 조금 한다던 어느 입사동기는 부끄러움에 몸 둘 바를 몰랐다.

　반면 몇 과목에서 연속으로 1등을 한 팀원에게는 팀장부터 사수까지 찬사를 보냈다. 실전 업무에서는 또 어떻게 다를지 모르지만, 현재 신입사원의 역량을 평가할 수 있는 건 교육과 평가 결과이기 때문에 다들 등수에 대해서 관심이 높았다고 한다. 또한 이 결과만을 가지고도 그 사람의 성실성을 가늠해보기도 하기 때문에 개개인의 희비는 이렇게 엇갈렸다. 취업하면 다 해결될 줄 알았던 취준생 시절의 생각이 너무나도 쉽게 무너지는 순간이다.

이런 내부 평가에서 좋지 않은 결과를 얻었을 경우 나에 대한 사람들의 첫인상은 그리 좋지 못할 것이다. 때론 나의 사수는 이렇게 말하기도 했다. "그거 잘 못 봐도 필드에서 성과만 잘 내면 돼. 결국 뭐겠어? 우리 같은 해외 영업하는 사람들은 '오더(수주)'가 장땡이야. 너무 신경 쓰지 말고, 우리 일이나 잘하자?" 그의 말이 맞았다.

학생시절에는 그 시험 자체가 끝이지만 직장생활은 다르다. 그 시험들을 잘 치르는 것이 마지막 단계가 아니라 결국은 실제로 성과를 이어지는 것이 중요했다. 잠시만 부끄러우면 된다. 이에 나쁜 결과를 너무 머릿속에 오래 담아두지 않고 실무에서 좋은 성과를 내면 될 것이다. 굳이 지나치게 경쟁심을 발휘해서 교육평가에만 집중하게 되면 팀 내에서 배워야 할 각종 잡무를 포함한 실무에 마음을 쓸 겨를이 없어진다. 경쟁심을 품는 것은 나쁜 것이 아니라 오히려 좋은 것이다. 하지만 정말로 내가 집중해야 할 것에 에너지를 쏟지 못한다면 그 경쟁심은 멘탈 낭비, 시간 낭비가 될 것이다. 핵심이 무엇인지 정확히 알고 직장생활의 초기 단계에 임해야 한다. 어떤 팀에 소속된 교육평가 1위를 한 직원이 일머리가 없다고 소문이 나기도 한다. "공부 잘한다고 돈 잘 버는 거 아니다"라는 세상 사람들의 말이 있지 않은가?

회사는 같은 목표를 가진 사람들의 집합이다. 그 목적이 내가 스스로 정한 것은 아닐지언정 그 안에 있는 사람들에게는 반드시 이루어야 할 대상인 것이다. 이런 같은 목적을 가진 사람들이 모였을지라도 그 사람들 간의 경쟁은 피할 수 없다. 기본적으로 경쟁은 나쁜 것은 아니라고 했다.

긴 거리를 혼자 뛴다고 생각해보자. 체중감량이나 체력강화를 위해 조깅을 해본 사람들은 잘 알 것이다. 혼자 뛰면 중간에 조금만 힘들어도 '저기 벤치에서 잠깐 앉아 있다 갈까?'라는 생각이 끊임없이 든다. 최소한 나는 그렇다. 하지만 함께 뛰는 사람이 있다면 어떤가? 잠깐 쉬었다 가자고 하기도 좀 그렇고, 심리적으로도 내가 먼저 힘들단 말을 하기 쉽지 않아 그냥 계속 뛰게 된다. 내 의지가 조금씩 약해지려고 할 때 나를 붙잡아 줄 수 있는 게 바로 경쟁이다. 나태함과 안일함을 치료하는 특효약이 바로 경쟁인 것이다.

그렇지만 지나친 경쟁심은 사람들과의 관계에 좋지 않은 영향을 미친다. 어떤 집단이든 경쟁심을 넘어 '투쟁심'이 넘쳐나는 사람이 있기 마련이다. 그들은 그렇게 평생을 살아왔다. 뭐든 이기고 싶어 한다. 학창시절 동급생들을 보면 아주 간단한 게임이나 놀이를 하더라도 쓸데없이 높은 텐션으로 친구들과 경쟁하려는 친구들이 있었다. 하지만 그런 투쟁심이 부질없을 수 있다. 대부분 그런 친구들은 정작 인생에서 중요한 경쟁에는 관심이 없는 경우도 있기 때문이다. 인생의 각 여정과 단계 속에서 진실로 필요한 경쟁은 따로 있다.

경쟁심이 지나치면 자신에게 큰 부담감이나 압박감을 가져온다. 그리곤 이 부담감이 본래 자신이 해낼 수 있는 실력을 깎아 버리는 사례가 많다. 쉽게 말해 실전이 치러지는 당일, 그 순간 본인의 멘탈을 어찌할 줄 몰라 의도대로 일을 풀어내지 못해 의외로 실망스러운 결과를 내는 경우가 많지 않은가?

내가 잠시 캐나다의 지사에서 OJT 교육을 받을 때였다. 회사의 협력 업체였던 F사는 평소 보기 드문 어떤 과정을 거쳐 직원들의 계속 근무 여부를 결정하곤 했다. 그 회사는 직급의 고하를 막론하고 입사 후 1년이 지나면 대표이사 이하 임원급들 앞에서 본인이 회사에서 지낸 기간의 성과와 앞으로의 업무 진행방안에 대해 발표를 한다. 이게 무서운 점은 이 한 번의 프레젠테이션 결과가 그 직원의 운명을 결정한다는 것이었다. 당연히 내가 직접 들어가서 볼 수는 없었지만, 이날 총 3명의 직원이 평가를 받았고 그중 한 명은 오후 1시가 되자 짐을 싸서 회사를 떠났다는 것이었다.

당시 가깝게 지내던 매니저급의 한 사람과 점심을 먹으면서 들었는데, 떨어진 그 직원의 업무실적은 나쁘지 않았다고 한다. 하지만 평소 그는 다른 사람들이 하는 일에 지나치게 관심이 많고, 농담이기는 하지만 "I rule this office(나는 이 사무실을 지배한다)"라는 말을 입에 달고 살았다. 그런데도 항상 활기차고 자신감 넘치는 그의 태도를 그 매니저도 좋게 생각하고 있었는데, 의외의 결과가 나와 무척이나 당황하고 있었다.

하지만 그 태도와 함께 따라다닌 건 사람들과의 원만치 못한 관계였다. 경쟁심이 도를 넘으니 자신에게 이익이 될 것 이외에는 하지 않으려 하거나, 자신의 시간을 확보하기 위해 다른 사람에게 일을 떠넘기는 등의 부정적인 모습도 종종 보여줬다고 한다. 발표 평가 당일만 해도 본인이 무조건 제일 잘해야 하고, 모두를 이겨내고 말겠다는 지나친 경쟁심이 정작 본인에게는 큰 부담으로 작용하고 긴장하게 만들었던 것이다. 손을 사시나무 떨 듯했고 말을 엄청나게 더듬었다고 한다. 사실 그 프레젠테이션의 내용이 평가의 전부였을까? 내용만으로 평가했다면 이메일로 하는 것과 다를 바 없다. 평가자들은 그 발표를 진행하는 사람의 말이나 행동, 손동작, 표정까지 평가의 중요항목으로 둔 것이었다. 결론적으로 그는 팀 플레이어도 될 수 없었고 실전에서 무력한 멘탈 약한 사람으로 최종 평가된 것이다.

장거리 육상경기 등에서 언급되는 '페이스메이커(Pacemaker)'라는 말을 들어봤을 것이다. 전략적으로 같은 팀의 선수 한 명을 높은 순위에 올려놓기 위한 작전 같은 임무를 띤 일종의 들러리 같은 역할이다. 페이스메이커가 스포츠 정신에 위배된다는 의견도 많다. 정정당당하게 경기에 임하는 작전과는 거리가 있기 때문이다. 초반에 다른 팀의 선수들의 체력을 고갈시키는 목적도 있고, 우승시키려고 하는 같은 팀 선수의 바로 앞에서 뛰면서 맞바람을 대신 맞아주기도 한다. 본인의 성적은 포기해야 하는 페이스메이커는 같은 팀 입장에서는 없어서는 안 될 존재다. 이보다 훌륭한 팀 플레이의 사례가 없다고 본다.

나는 회사가 직원들에게 부여한 목표를 달성하기 위해 서로서로 페이스메이커가 되어주었으면 한다. 페이스메이커의 중요한 역할 중 하나는 멘탈을 관리해주는 것이다. 동료의 경쟁심, 부담감을 적지 않게 줄여준다고 한다. 나 대신 경쟁자와 싸워주는 사람이기 때문이다. 그리고 더 중요한 건 페이스메이커를 하는 나부터도 그렇게 큰 긴장감은 없다는 것이다. 일단 순위경쟁은 하지 않기 때문이다. 그렇다고 나부터 먼저 희생해야 한다는 의미는 아니다. 극단적인 예를 들어서 미안하지만 내가 강조하고 싶은 점은 경쟁심보다는 팀 플레이를 할 줄 아는 것이다. 내가 다니는 회사는 다른 회사와 경쟁한다. 그 경쟁에서 이기기 위해서는 이기심 가득한 경쟁심보다는 협력의 중요성과 가치를 아는 팀 플레이가 필요하다. 일단 회사끼리의 경쟁에서 이겨야 내 팀이, 내 자리가 안전하기에. 지금 당신은 별 대단치 않은 일을 하고 있다고 생각하는가? 그렇다면 시간이 훌쩍 지나도 정말로 대단하지 않은 일을 하고 있을 것이다. 의미는 자기 자신이 부여하는 것이다.

# 원래 회사는
# 공평하지 않다

언제부턴가 국어사전을 자주 찾기 시작했다. 글을 써서 사람들에게 보여주고 싶다는 다짐을 하기 시작한 무렵부터다. 사람들은 외국어 공부를 하면서 사전을 자주 찾아본다. 하지만 모국어인 국어를 매일 말하고 쓰면서 국어사전은 잘 찾아보지 않는다. 영어단어 철자가 틀리는 것은 부끄러워할지언정, 국어 맞춤법이 틀렸다고 창피하게 생각하지 않는다. 이걸 더 부끄러워해야 할 텐데 말이다.

평소 종종 쓰는 말인 공평과 평등은 어떻게 다른지 애써 인터넷에서 국어사전을 찾아보게 됐다. 그 뜻은 이렇다고 한다.

- 평등하다 : 권리, 의무, 자격 등이 차별 없이 고르고 한결같다.
- 공평하다 : 어느 쪽으로도 치우치지 않고 고르다.

그런데 이렇게 사전만 찾아보니 아직도 잘 모르겠다. 일상생활에서 간혹 혼용하기도 하려니와 사실 다소 헷갈리더라도 사는 데는 지장이 없기 때문이다. 그래서 '평등과 공평의 차이'를 해외 사이트에서 검색해봤고, 아주 쉽게 설명한 글을 찾게 됐다. 원문이 쉽다는 의미가 아니라 번역해 놓으니 이해가 쉽다는 뜻이다.

"Equality simply means everyone is treated the same exact way, regardless of need or any other individual difference. Equity, on the other hand, means everyone is provided with what they need to succeed. In an equality model, a coach gives all of his players the exact same shoes. In an equity model, the coach gives all of his players shoes that are their size." (출처 : RISE Foundation, USA)

번역해보면 다음과 같다.

"평등은 단지 모든 사람이 필요하거나 다른 개인적인 차이와 관계 없이 정확하게 같은 방식으로 대우받는 것을 의미한다. 반면, 공평은 모든 사람이 성공하는 데 필요한 것을 제공받는 것을 의미한다. 평등 모델에서, 코치는 모든 선수에게 똑같은 신발을 준다. 공평 모델에서, 코치는 모든 선수에게 그들의 사이즈에 맞는 신발을 준다."

사람마다 의견이 달라 이 둘의 차이를 100% 완벽하게 구별하는 것은 솔직히 자신 없다. 하지만 앞의 글을 읽고 나니 어느 정도 궁금증은 해결됐다. 특히 회사생활에 대입해보니 격한 공감이 든다. 회사는 일단 모든 구성원에게 기회를 준다는 점에서 평등하다는 것, 하지만 그 구성원들의 성과에 따른 보상은 분명 다르다는 점에서 일차적인 차이점을 알 수 있다.

대학친구 K도 나와 비슷한 이상한 경험을 신입사원 시절에 했었다. 어쩌면 더 많은 회사에서도 일어날 수 있는 일일 수도 있다. 입사 후 1년이 지나고 겉으로라도 객관적인 인사고과는 없이, 경영층 몇 명이 모여 매겨 놓은 인사고과 결과가 나왔다. 그 결과를 가지고 순위를 냈고, 동기직원들의 '(월급이 아닌)연봉'을 불과 몇십만 원 차이가 나게 책정을 한 것이었다. 볼멘소리와 불만이 속출했다. 물론 겉으로 대놓고 불만을 토로할 순 없었고 직원 휴게실, 건물 옥상, 퇴근 후 술집에서만 그랬다. 사람 치사하게 12로 나누면 푼돈이 될 수밖에 없는 차이를 뒀으니, 그걸 가지고 항의를 하는 것도 우스웠다. 새해가 되고 그 회사 대표이사가 신년사에서 한 말은 이렇다.

"그리고 각 부서의 신입사원 여러분. 1년밖에 근무하지 않았다고 해서 그 결과와 보상이 같으리라 생각하면 안 됩니다. 저는 그리고 회사는 신입사원 여러분에게 같은 출발선에 서서 같은 기회를 얻도록 기회를 줬습니다. 그 결과가 바로 여러분이 맞이한 그겁니다. 단, 여기서 그칠 게 아니고, 앞으로 그 결과와 보상의 격차는 더 커질 것입니다. 명심하기 바랍니다."

눈치가 빠른 사람들은 이때 이미 느낌이 왔다고 했다. 회사는 직원들 모두에게 동등한 기회와 보상을 해준다고 생각한다. 다만 그걸 받아들이는 구성원들의 온도 차는 크다. 이 신년사가 있고나서 이후 시간이 흘러, 어떤 신입사원은 자기 선배기수와 함께 승진하는가 하면, 어떤 과장급 직원은 같은 회사 팀장들(차장급 이상)로부터 '선배님'이라는 호칭을 듣게 됐다. 공평하다는 것은 회사에는 어울리지 않는 말이다. 즉, 평등한 기회는 분명 있을지언정 공평한 결과는 없다. 그것도 내 의사와는 다르게 흘러간다.

어디 그뿐일까? 직급의 차이, 상하관계에서 나오는 불공평함은 이미 몸소 경험했을 것이다. 이런 경우가 있을 수 있겠다. 고객사에 견적을 제출하는 업무에서 어느 대리가 정말 아마추어 같은 실수를 저질렀다. 고객에게 주는 견적서를 엑셀 파일 그 자체로 첨부한 것도 모자라, 옆의 엑셀 시트의 제조원가, 이익 계산표 등이 같이 보내버린 것이었다. 이건 정말 있어서는 안 될 실수다. 그 대리는 정말 용각산보다 더 고운 가루가 되도록 혼이 났다. 그러고는 직접 고객사 담당자에게 전화를 걸어 해당 파일을 삭제해달라고 빌었다. 그런데 그 파일 삭제해서 무엇하랴. 이미 다 봤는걸.

반면 (그럴 일은 절대 없을 것이다만) 같은 실수를 팀장이 했다고 생각해보자. 그 실수를 했다고 자기가 스스로 임원한테 가서 그 이야기를 할까? 대부분 안 하고 넘어간다. 그러고는 똑같이 고객사에 핸드폰으로 전화를 걸어 "지워주세요" 할 것이다. 이 광경을 보고 있으면 속에서 화산이 폭

발할 지경이다. "내가 그랬어 봐. 온갖 발작을 해댔겠지."

이런 불공평함이 직장생활에는 항상 존재한다. 회사 대 회사로 만나면 갑을관계가 먼저 형성되고 그것에 따라 개개인의 태도, 언행이 달라진다. 그런데 직장 내에서도 갑을관계는 반드시 있을 것이고, 힘을 가진 순서(갑. 을. 병. 정)에 따라 사회초년생은 '정'의 자리에 있다. 때로는 저 상사가 하는 일 없이 온종일 노는 것처럼 보일 때도 있다. '나는 물 한 모금 마실 틈도 없이 일개미처럼 사는데 저 사람은 대체 뭘 하나?'라는 생각이 들지만, 그냥 내 할 일 하면서 하루를 보낸다. 남 신경 쓸 틈도 없으려니와, 내가 그 사람보고 '빨리 일이나 하셔'라고 할 수도 없으니.

그런데 의외로 그런 불공평함이 당신에게 도움이 될 수도 있다. 상급자는 상급자 나름의 고충이 있기 때문이다. 온종일 아무것도 안 하는 것처럼 보여도 그 사람만의 역할은 분명히 존재한다. 누군가는 그러더라, '팀장의 월급은 욕값이다'라고. 어쩌면 당신이 한 일의 결과 때문에 누군가에게 질책을 받으며 먼 산을 바라보고 있을 수도 있다. 또는 하루에 회의에 대여섯 개씩 끌려 들어가며 다른 부서 사람들과 싸우고 있을 수도 있다. 즉, 그 직급에 맞는 어려움과 싸워 가며 직장생활을 하고 있다는 의미다. 올라가는 직급에 맞는 삶의 무게는 결국 자기가 커버해야 하는 인원수에 따라 비례한다는 것을 알아야 한다. 정말로 공평한 직장생활을 원한다면 그 공평이라는 단어의 의미를 달리 생각해봐야 하겠다. 지금 당신의 위치, 그리고 후일 옮겨가게 될 당신의 자리는 무임승차할 수 있는 것이 아니니까 말이다.

　지금 신입사원의 위치에서 매일 하는 사소하다고 생각하는 일들이 사실은 나중에 직급이 올라갔을 때 하는 일과 죄다 연결된다. 달리 말하자면 당신이 하는 일 전부 거창한 비즈니스 일부다. 그 비즈니스를 하기 위해, 아니 더 잘하기 위해서 지금의 직무에서 최선을 다하자. 만일 그 결과로 당신에게 좋은 결과가 온다면, 그야말로 공평한 것이다.

　프로페셔널리즘은 그리 거창한 게 아닌 것이, 그저 현재의 위치에서 갖춰야 할 실력을 다져놓는 것뿐이다. 후일 당신이 상급자, 부서장이 되었을 때 팀원들을 잘 리딩하고 그들의 커리어에 조금이라도 도움이 될 피드백을 주고자 한다면. 이게 공평하지 않은 직장생활에서 그나마 공평함을 가져다줄 기회를 스스로 만드는 것이리라. 당한 만큼 갚아주겠다는 이른바 '본전 생각'으로 인생을 산다면 당신도 물론이려니와 당신의 자식들도 어디선가 똑같이 당한다. 내가 하는 모든 언행은 다시 모두 나에게 돌아오게 된다.

　직장생활에서는 공평함을 구할 수 없다. 나는 늘 누군가에게 평가 당하고, 그 사람은 그 평가 결과를 가지고 나를 대우한다. 그렇다고 너무 운명론에 치우쳐 '이 정도 했으니 이런 대우를 받아도 할 말 없지'라고 생각한다거나, 반대로 '내가 이런 대우를 받으려고 이 회사에 다니나?'라고 불평하지는 말자. 만일 동등한 기회를 받았는데도 공평한 대우를 받지 못한다고 느낀다면 회사를 나가 다른 일을 알아보든지, 아니면 다시 한

번 자신에게 기회를 주고 절치부심하는 수밖에 없다. 하지만 몇 차례 이직을 경험한 나로서는 꼭 하고 싶은 말이 있다. 절대 불만스러운 처우에 욱하는 마음으로 사직서부터 던지지 말고, 다음 회사를 정해놓고 꼭 웃는 얼굴로 나가자. 이게 멋진 복수가 되기도 하려니와, 직장인에게는 회사가 좋으나 싫으나 금전적, 심리적 방파제, 그 자체다.

# 확실하게 감사를
# 표시하자

이번에는 또 다른 직장생활의 무기를 소개하고자 한다. 아래의 대화
를 먼저 살펴보자.

"그래서 이번 프로젝트에서 가장 중점을 두고 조사해 봐야 하는 건 ○
○○니까, 우선 ◇◇◇부터 찾아보도록 해 봐요. 그리고 그다음 단계에선
기획팀 M과장에게 관련 자료가 있는지 물어보세요"라는 상사의 가이드
가 있었다.

그 말을 듣고 나는 Y사원은 그저 "네…" 하고 자리로 돌아간다.

여기서 무슨 문제라도? Y사원의 "네…"라는 말을 들은 상사는 일이 뭔
가 확실하게 돌아가지 않음을 느낀다. 방금 본인이 그 팀원에게 한 말이

제대로 전달이 됐을지, 그래서 그 팀원이 잘 알아듣고 가이드에 따라 일을 해나갈지 명확하지가 않다. 때론 불안하기까지 하다. 상사가 팀원에게 하는 피드백의 중요성은 여러 차례 언급했지만, 그에 못지않게 대화의 순간 팀원이 해야 할 피드백도 중요하다. 커뮤니케이션의 성패는 상대방이 의문점이나 의구심을 갖지 않게 하는 것에 달려있기에 말이다.

왜 확실하게 감사를 표시해야 하는가? 앞의 예시와 같이 상급자의 지침을 받은 팀원이 그저 짧은 반응만으로 대화를 마무리 짓게 되면 그때 오갔던 대화 속 취지와 의도가 제대로 전달됐는지 모르게 된다. 여기서 흥미 있는 언어 간 차이점이 하나 있다. 우리는 보통 상대방에게 내 의사를 전달하고 나서 이렇게 묻는다. "내 말 잘 알아들었어?"라고. 그런데 영어에서는 "Am I clear about this?(제가 설명을 잘했나요?)"라고 상대방에게 묻는다. 이 대화만 놓고 보면 영어가 상대방의 입장을 더 중요시하는 것으로 보인다. 여기서 우리가 느낄 수 있는 점은 무조건 상대방이 내 말을 잘 이해했는지 물을 것이 아니라, 나 자신이 제대로 설명했는지 확인해야 한다는 점이다. 대부분은 "내 말 잘 알아들었어?"라고 묻는 건 '나는 설명을 잘했는데, 너는 잘 이해했니?'라는 의미인 경우가 많기 때문이다.

이 사례의 경우, 조금 더 바람직한 마무리는 이렇다.

"네, 감사합니다. 그 내용에 대해선 거기서 먼저 이렇게 저렇게 조사하고, 그다음 기획팀에 가서 문의하겠습니다"라고 말이다. 이러면 상급자는 그 팀원이 문제없이 그 일을 잘 처리해줄 것이라 믿을 수 있게 된다.

또한 감사의 표시를 확실하게 하면 사소하게나마 말해 준 사람의 '인정받고 싶은 욕구'를 채워줄 수 있다. 한마디로 말해준 보람을 느끼게 해준다는 것이다.

여담이지만, 참 이상한 것이 나를 포함한 한국사람들이 외국으로 여행이나 출장을 가면 그렇게 "Thank you"라는 말을 별 마음의 준비 없이도 잘들 한다. 그런데 정작 한국에서는 앞서 걸어가는 사람이 문을 열고 잡아주면 그렇게나 수월하게 "고맙습니다"라는 말이 나오던가? 남녀노소 다 그렇더라. 물론 속으로는 참으로 고마워하리라 생각한다. 다만 그게 말로 표현을 잘 못 해서 그렇지…. 그래도 예전에 비하면 지금은 작은 감사의 표시를 주고받는 상황을 자주 보게 되어 다행이다.

직장생활을 하다 보면, 특히 신입, 주니어사원들은 하나부터 열까지 배우고 적응해야 하는 것이 사방 천지에 깔려 있다. 누군가가 내게 해준 조언, 코칭이나 지침이 내가 회사에 녹아드는 데에 큰 도움이 된다. 이렇게 나의 적응과 일상의 어려움을 덜어주는 도움을 받게 된다면 반드시 확실하게 고마움을 표시하는 것이 좋다. 앞서 말한 인정의 욕구뿐만 아니라 다음번에 또 그 상대방에게 도움을 받을 일이 있으면, 훨씬 마음 편하게 그 사람에게 요청할 수 있을 것이기에. 그리고 그 사람도 나에게 만큼은 성심성의껏 도움을 주게 될 것이다. 더 좋은 표현방법은 이렇다. "바쁘신데 이렇게 좋은 말씀 해주셔서 감사합니다"라거나 "덕분에 이번 기회에 ○○에 대해서 잘 이해하게 됐습니다. 감사합니다"라고 말해보자.

상대방에 대한 감사와 칭찬은 구체적일수록 좋다고 한다. 하고 싶은 말, 해야 하는 말을 적재적소에 하지 못해서 갖게 되는 부담감, 부채의식은 미리 방지해야 내 마음도 편안해지는 법이다.

반대로 한두 번쯤 그냥 "네"라는 말을 들어줄 수는 있겠지만, 이게 반복된다면 상대방은 당신을 무례한 사람으로 여기고, 조금씩 마음의 문을 닫을 것이다. 그렇다면 결국은 도움이 필요한 당신 손해가 될 것이다.

또한 내가 누군가에게 도움을 주고 조언을 할 기회가 생겼을 때도 그 상대방은 나에게 확실한 감사의 마음을 전해줄 것으로 믿는다. 우리가 흔히 쓰는 영어표현 중, 'Give and take(기브 앤 테이크)'는 반드시 물질적인 것만을 의미하는 것은 아니지 않은가? 결국 감사의 표시는 상대방의 호의와 식견, 경험을 내가 인정한다는 것을 보여주고, 전달하는 것이며, 하나의 공동체 (회사) 안에서 같은 목표를 이루고자 하는 동기부여를 확실하게 하는 방법일 것이다.

감사의 표현이 상대방의 인정욕구를 충족시켜주고 동기를 부여해주는 역할을 톡톡히 해낸다고 보면, 상사가 팀원에게 업무에 대해 피드백을 할 때도 같은 맥락으로 이해하면 좋을 것이다. 어떤 팀장은 늘 이런 식이었다. 공들여 작성한 보고서나 기타 서류를 제출하면, "응, 알았어"라고만 답한다. 그리고 며칠 있다가 (급하지 않은 사안의 경우) "그 보고서는 어떻게 좀 보셨나요?"라고 물으면, "어, 봤어. 내가 조금 수정해서 본부장님한테 올릴게" 이것으로 끝이다.

이때 내가 머릿속에서 생각한 것은, '팀장님은 내가 올린 보고서에 대해 조금의 의견도 없을 만큼 잘 모르거나, 또는 관심이 없나?' 아니면, '내가 낸 보고서가 의견이 없을 만큼 완벽하게 잘 쓰였나?'였다. 또 아니면 이 둘 중의 하나가 아닌, 그저 본부장의 의견을 듣고 그걸 나에게 고스란히 전달할 가능성도 있으리라 생각했다. 이런 것이 바로 팀원의 불만일 것이다.

"감사합니다"란 말 대신 "네"라고 하는 것만큼 그냥 "수고했어"라고 팀원에게 말하는 건 무능력함을 드러내는 것이라고 생각한다. 왜냐하면, 보고를 한 사람에게 그 일을 통해 배울 기회를 박탈했기 때문이다. 하다 못해, 너무 바쁜 상황이라면, 최소한 "수고했어. 내가 지금은 바빠서 못보니까, 있다가 읽어보고 피드백 줄게"라고 말했으면 한다. 전자와 후자의 대답은 팀원의 멘탈을 전혀 다른 방향으로 이끌 것이다. 친절함이란 더 많은 시간을 할애해야 하므로 말을 할 때도 조금만 신경을 써서 길게 말해주는 성의가 필요하다. 철부지 시절 남자들끼리 가끔 이런 말 하지 않나? "너 오늘 말이 좀 짧다?" 이 말의 의미란 '너 오늘 왜 나한테 이리도 무례하냐?'다. 반드시 그런 건 아니지만, 시간과 정성은 비례한다.

어쩌면 상대방, 특히 상사에 대한 인사치레를 의도적인 아첨으로 인식하고 백안시하는 때도 많다. 어쩌면 이게 다 지나친 경쟁상황에서 생긴 경계심일 것이다. 너무 깍듯하게 인사하고, 고맙습니다라고 말하고 다니는 사람을 싫어하는 사람들도 있다. 감사를 표시하는 것이 마치 쿨하지 못하고, 초연한 모습을 보이지 못하는 것이 꼴 보기 싫기 때문이다. 그런데 이와 반대로 이런 사람들은 누군가에게는 또 인사성 없다고 뭐라고 한다. 이렇게 보면 이런 부류의 사람들은 그냥 다 싫어하는 것이다. 어쩌면 이런 생각과 인식의 근원은 회사 내에서의 경쟁에서 이길 수 없다는 열등감, 불안감일 것이다. 상대방에게 감사함을 표시하는 게 왜 잘못된 것인지 이해할 수 있게 제대로 설명을 해주었으면 한다. 그래야 비난할 수 있는 권리를 얻게 되는 것이니까.

"네"가 아닌 "○○○ 해주셔서 감사합니다"라는 결국 나 자신의 이익, 멘탈 유지와 동기부여를 위한 것이다. 내가 소속한 집단의 지성과 경험, 노하우를 얻기 위한 유인책으로 봐도 좋다. 나에게 조언을 해주고 지시를 내리는 사람의 인정욕구를 끌어올리는 것을 통해 결론적으로는 내가 해야 할 일을 더 효율적으로 그리고 더 정확하게 마무리하도록 해준다. 지금 당신이 담당과 있는 일들이 왜 하는지, 어떻게 하는지, 그리고 목표로 하는 것이 무엇인지 제대로 알려면 아직은 주위 사람들의 가이드가 필요하다. 직장생활에서의 불행을 줄이고 구성원의 업무 의욕을 부스트 업시키는 좋은 무기는 곧 '확실한 감사의 표시'라고 믿는다. 이걸 '인사성의 문제'로 치부하는 것이 아닌, 생존의 지혜로 여겨주길 바란다.

# 직장생활도
# 자기계발이다

직장생활을 시작하면서 다들 자기계발에 대한 결심을 해봤을 것이지만, 실천하기가 어렵다. 매번 다짐하고 계획하지만, 평일에는 바빠서, 주말에는 피곤해서 무거운 몸을 일으키기가 쉽지 않다. 어쩌다 회사에서 제공하는 외부 교육과정도 이수기한을 목전에 두고 꾸역꾸역 해치우기 일쑤다. 안 하면 실제로 불이익이 생길 수도 있으니 하기는 한다만, 다 끝냈다고 해도 어디 머릿속에 들어오긴 하던가? 나부터도 그냥 교육 동영상을 틀어놓기만 하고 다른 일을 하는 게 일상이 되어버렸다. 결국 남는 것이 없다.

자기계발을 하려고 하는 이유는 몇 가지가 있다. 현재 본인의 직무에 필요하다고 느끼는 관련 전문지식이나 스킬을 갖추기 위함이기도 하고,

향후 장기적으로 내가 만들어 갈 커리어에 도움이 될만한 것들을 배우고 싶어 하기 때문이다. 깊게는 직무 관련 자격증을 따는 것이나, 절대 쉽지 않지만, 새로운 외국어를 배우는 것 등도 포함할 수 있겠다. 하지만 이런 관점도 있을 것이다. 바로 직장생활을 자의든 타의든 더 이상 할 수 없게 되었을 때, 인생의 두 번째 출발을 멋들어지게 하고 싶은 마음에서 자기계발을 하는 것 말이다. 이렇듯 자기계발은 그 이유와 실행 범위가 넓고도 넓다. 그리고 여기에는 항상 불안감이 따라 다닌다. '남들 다 하니까 나도 해야 하지 않을까?'라는 막연함도 빼놓을 수 없다.

한때 멀지 않은 과거에 '지식경영'이란 개념이 많은 기업의 관심을 받은 적이 있다. 당시 회사의 대표이사님은 대기업들의 직원교육 방식과 교육 관련 투자를 벤치마킹하고 싶어 하셨다. 그래서 지금 당장은 직원들이 하는 일과 관련이 없다고 하더라도 기회만 된다면 자주 외부 교육을 보내 주셨다. 가서 보면 국내 대기업 직원들이 많이들 와서 함께 교육을 받았는데, 사실 당시 나를 포함한 직원들은 그런 교육에 관심들이 없었다. 더욱이 그 교육과정에 함께 포함된 '네트워킹'의 기회에도 아주 무관심했다. 지금 생각하면 어리석은 태도였지만, 당시에는 '바빠 죽겠는데 왜 이런 걸 참석하라고?'였다. 다시 그때로 돌아간다면 아주 열심히 적극적으로 임하고 싶다.

이렇게 보니, 회사에서 비용을 지원하거나, 의무적으로 받아야 하는 교육에 사람들은 적극적이지 않다. 나부터도 그렇긴 한데, 이게 다 자기 돈이 들어가지 않아서 그런 것 같다. 그리고 더 중요한 이유는 내가 스스로 정한 프로그램도 아니고, '이게 과연 내 장래 직무나 전문성에 얼마나 도움이 되려나?' 하는 의구심 때문일 것이다.

이런 적도 있었다. 당시 내 첫 회사에서는 직원들의 교육을 최우선 순위를 두고 지원하는 매우 건전하고 훌륭한 생각하고 있었다. 각 직원이 외국어를 배우기 위해 어학원을 다닌다거나, 일과 관련 없는 책을 구입하더라도 모두 지원해줬다. 이러다 보니 순간적인 관심에 3개월짜리 영어 프리토킹 주말반에 등록했다가 겨우 두 번 출석한다든가, 책을 몇 권씩 사놓고 읽지도 않는 경우가 있었다. 교육지원 후 사후 관리는 제대로 하지 않은 결과였다. 자기 돈이 들지 않으니 안일하게 생각했고, 결석하더라도 돈이 하나도 아깝지 않은 것이었다. 나도 반성하는 부분이다.

이렇듯 자기계발을 계획하고 실천하면서 가장 중요한 점은 '구체적인 방향과 목표를 설정하는 것'이다. '막연하게, 남들도 하니까 나도 한다'는 생각으로 시작하는 건 바람직하지 못하다. 나폴레온 힐(Napoleon Hill)이 저서 《성공학 노트》에서 말했듯, 개인의 인생을 살면서, 직장에서 일하면서도 명확한 목표, 자발성, 그리고 자신감이 성공으로 이끄는 방법이다. 자기계발을 하는 것도 확실한 목표가 필요한 것이다.

그렇다면 지금 사회초년생으로서 품고 있는 목표는 무엇인가? 아무래도 직장인이 갖춰야 할 기본지식, 동료들과 의사소통하는 방법과 비결, 그리고 직무와 관련된 전문지식 등일 것이다. 우선은 이런 것들을 자기계발의 첫 번째 목표로 삼아야 한다. 아마 짐작하건대 외국어 같은 스킬은 신입사원으로 내려갈수록 더 잘할 것으로 본다. 저 위에 계신 부장님들과 비교해보면 금세 알 수 있다. 하지만 그 외의 것들은 회사 밖에서 배울 수 있는 것은 아니라 그 부장님, 당신의 상사, 사수, 선배들로부터 배우는 길이 가장 빠르고 핵심적이다.

신입사원 시절, 이제 슬슬 다른 부서 사람들까지 누가 누군지 알게 된 때가 왔었다. 다들 겪었겠지만, 처음에는 얼굴과 이름이 영 매치가 되지 않아, 엉뚱한 사람을 찾아가 뭔가 물어본 적도 있었다. 이젠 그 단계는 넘어섰다. 일하다가 좀 막히는 부분이 있을 때, 사람들의 조언을 얻기 위해 누구를 찾아갈지도 알게 됐다.

영문계약서 검토는 어느 팀의 누가 잘하니 그분에게 물어보면 됐었다. 그리고 숫자를 다루는 일은 다른 영업본부 J 대리님이 꽉 잡고 있으니 그 선배에게 가면 대부분은 해결되어버렸다. 사실 당시 팀장님이 워낙 여러 방면에서 능숙, 탁월한 분이라 팀 내부적으로 풀 수 있는 사안이었지만, 그분은 하루에 2/3는 회의나 상부 보고 때문에 자리를 비우셨기 때문에, 다른 부서의 사람들에게 의지할 수밖에 없었다.

나는 대체로 사람 운은 좋았던 것 같다. 신입사원으로서 나에게 아낌없는 조언과 격려를 해준 사람들이 많았기 때문이다. 그만큼 나는 직장 생활에 비교적 빠르고 쉽게 적응할 수 있었다. 그리고 회사 일에 조금씩 적응해가면서 보니, 그제야 내가 앞으로 해나가야 할 자기계발의 방향을 잡을 수 있었다. 또한 내 인생 전체로 봤을 때, 내가 정말 잘할 수 있겠다 싶은 것, 그리고 아쉽지만 포기할 수밖에 없는 역량도 눈에 들어왔다.

누구나 현재 본인의 고용상태에 대해 불안감을 느낀다. 나 혼자 아무리 잘한다고 하더라도 내가 속한 부서가 잘못될 수도 있고, 회사도 또한 마찬가지다. 나 같은 경우도 직원들의 의사와는 무관하게 회사가 갑자기(정말 순식간에) 폐업을 하는 바람에 인생의 큰 위기를 겪은 적이 있다. 그래서 나는 지금도 그 기억과 경험 때문에 마음 한편이 항상 편치 못하다. 내가 갑자기 자리를 잃을 수도 있고(주재원 근무가 끝나고 본사로 돌아올 때, 내 자리 하나 없었던 적), 회사가 말 그대로 갑자기 망해서 그 많은 직원이 생계를 이어갈 일자리를 구하느라 혼비백산했을 때도 있다.

그러다 보니 앞에서 말했듯 '막연한 불안감'으로 인한 자기계발을 어쩔 수 없이 마음먹기도 한다. "언제까지 월급쟁이 할 거냐?" 하면서 복권을 사는 어느 방송국 소속 아나운서의 이야기가 남 일이 아닌 듯하다. 복권당첨이라도 되라고 빌면서, 일확천금을 얻을 꿈을 꾸면서 지금의 직장생활을 벗어나고 싶은 사람들이 발에 채일 정도로 많지 않은가? '언젠가 되겠지…' 하면서 말이다.

이런 상황에서 인생 2막을 위한 자기계발을 마음먹을 때도 반드시 명확한 목표를 설정하기를 바란다. 일단 시간이 너무 한정되어 있다. 막상 뭔가를 배운다고 강의를 듣고, 책을 사도 오늘 저녁에 갑자기 회식이라도 잡히거나, 고객사 담당이 저녁을 먹자고 부르면, 하루를 그냥 허비하는 셈이다. 그러니 우선 목표를 정확히 해 두고 자기계발 과목을 효율적으로 관리해야 한다.

또한 자기계발을 하려면 자신을 조금 더 격려하고 동기부여 해줘야 한다. 즉, 하려고 하는 자기계발의 끝을 달성했을 때 되고자 하는 자신의 모습, 가지고 싶은 것, 목표 연봉 등을 구체적으로 상상해보자. 주말에 너무나 피곤하고 온종일 침대와 한 몸이 되고 싶더라도, 가방을 메고 도서관을 가기 위해 벌떡 일어나는 '의지'가 필요하다. 휴일에 집을 벗어나 피곤한 몸을 이끌고 어딘가를 가는 것이 쉽지 않을 것이다. 하지만 이렇게 하지 않으면 도무지 시간이 나지 않는다. 시간이 없다고 자기계발을 하지 않고 인생 2막을 준비하지 않는다면, 인생에서 긍정적인 변화는 절대 일어나지 않을 것이다. 지금 살고 있는 삶에 만족하지 않는다면 반드시 변화를 꾀해야 한다. 특히 회사라는 울타리 안에서 소속되어 일하고 월급을 받는 지금이 장래를 위한 자기계발을 과감하게, 열심히 할 수 있는 기회다.

나는 개인적으로 글 쓰는 것을 좋아한다. 글을 쓰는 데 있어, 장황하지 않게 하고자 하는 말을 전략적이고 간략하게 전달하는 것을 목표로 삼아왔다. '글이란 길어질수록 못 쓴 글'이라는 생각을 항상 품고 있었는데, 그 배경의식이 회사의 높은 분들에게 보고하는 문서, 프레젠테이션 자료를 잘 만드는 것으로 이어졌다. 이른바 프레젠테이션 자료 작성 등에서 문서 서두에 한 자리를 차지하는 'Executive Summary(경영진을 위한 요약)'이 그중 한 예다. 신입사원 시절부터 이 페이지를 잘 만들어서, 설령 그 보고서를 보는 최종결정권자가 내가 누군지는 알지 못하더라도, 그분이 그 자료에 대한 좋은 인상을 받고 있다는 것을 나중에 듣기도 했다.

여기서 볼 수 있듯 어쩌면 아주 높은 확률도 당신의 인생 2막은 지금 당신이 하는 일, 더욱이 남보다 잘하는 일, 그리고 관심이 높은 것에서 나온다. 그렇다면 현재의 직무를 통해 아직 다 찾아내지 못한 내 역량과 적성을 한 번 더 발견하고, 지금 좋아하는 것들을 '돈이 되는 일'로 바꿀 수 있는 자기계발로 좁혀 나가는 고민과 지혜가 필요하다. 물론 피곤하고 힘들다. 하지만 사회초년생 시절이야말로 그나마 지금이 가장 에너지와 열정이 넘칠 시기다. 나는 이 시기에 좀 더 노력하지 않은 것을 뼈저리게 후회하고 있다. 이때 자신이 가진 최대치의 열정을 쏟아부으면 10년, 20년 뒤에는 말 그대로 '초격차'를 누릴 수 있을 것이다.

# 멘탈을 잡으면,
# 취업해도 행복할 수 있다

사람은 완벽하고자 하지만 그렇지 못하다. 항상 실수와 누락을 반복한다. 힘들게 만든 보고서, 그렇게 몇 번을 고치고 검토했건만 팀장은 또 어처구니없는 오타와 실수를 발견해낸다. 마치 바둑이나 장기를 둘 때 직접 두는 사람보다 옆에서 훈수를 두는 사람이 더 잘 보는 것과 같다. '실수가 반복되면 실력이다'라는 말에 끝내 동의하기 싫지만, 오늘도 또 이런 말을 듣게 됐다. 다 집어치우고 사직서를 던지거나, 상사의 뒤통수를 강하고 경쾌하게 때려주고 싶은 나를 상상하면서 질책의 소리를 듣는다. 도대체 얼마나 더 연차와 내공을 쌓아야 이런 상황을 피할 수 있을까?

사실 나는 새로운 회사로 이직할 때 이런 생각을 하고는 한다. '속으로 상대방을 욕하는 일이 일어나지 않았으면 좋겠다'라고. 부디 상대방에게

겉과 속이 다른 마음을 품지 않는 상황이 계속되었으면 기원하는 것이다. 입사 초기에는 일종의 밀월기간(Honeymoon Period)이 존재하기 때문에 그렇지 않겠지만, 시간이 조금씩 지나고 상하관계, 갑을관계가 만들어지면 어김없이 속에서 이런 생각이 든다. '어휴, 정말 꼴 보기 싫어', '웃기는 소리 하고 있네' 하면서 내가 필요한 말만 듣는다.

하지만 이런 생각만 품는다고 해서 상황이 좋아지지는 않는다. 오히려 상대방의 말을 경청하려는 초심은 오간데 없이, 반감과 섭섭함이 늘어난다. 이러면 가장 중요한 커뮤니케이션이나 협업의 본질이 훼손될 가능성이 크다. 사회초년생의 입장에서 보면, 상사나 선배직원들이 내가 내놓은 의견을 들어주지 않을 경우가 많다. 이럴 때 또 좌절하고 멘탈이 흔들리지만 이른바 '살을 내주고 뼈를 취하는' 전략이 필요한 것이 멘탈 잡기의 기본이다.

내 의견을 잘 들어주지 않는다고 생각이 들 때는 어쩌면 좋을까? 오랜 직장생활 경험상 내 멘탈에 도움이 되는 건, '그냥 넘어가는 것'이다. 옛말대로 '까라면 까'는 이럴 때 필요한 마인드다. 그렇게 지시하고 강요하는 사람이 책임을 지도록 놔두자. 꼭 알아야 할 것은 이건 책임과 권한의 문제이지, 당신이 틀렸다는 말이 아니다. 당신 본인도 '이건 내가 잘못된 생각을 가져서 그런 게 아니라, 나는 아직 책임이 없어서 그런 거야'라고 생각하고 넘어가자. 다만 이때 그 상사나 선배가 그 사안에 대해 어떻게 처리하는지 잘 지켜보자. 그래서 배울 건 배우고, 버릴 건 버리는 거다.

그리고 앞서 말한 실수와 누락이 넘쳐나는 당신의 보고서에 대한 치유법은 이렇다. 우선 당신은 본래 이런 것을 잘하는 사람이라는 생각을 잊어버리면 안 된다. '나는 이런 건 정말 자신이 없어'라고 생각하는 순간 당신은 진짜로 그렇게 되어버린다. 그냥 '어쩌다 보니 뭔가 잘못하고 빠뜨렸는데 말이야…'라고 가볍게 생각해버리고, 그 원인이나 뭔지 뒤돌아보자. 즉, 자신에 대한 책망은 금지. 그리고 이전에 언급한 적 있지만, 오답노트를 만들 듯 내가 실수한 것, 빠뜨린 것을 목록화하자. 이건 후회하고 낙담하기 위한 목록이 아닌 앞으로 잘하기 위한 준비과정이다. 그리고서는 보고서를 보고하기 전에 그 목록을 옆에 펼쳐놓고 비교해보자. 머릿속에서 기억하는 것들로만 검토하면 또다시 실수할 가능성이 있으므로, 완전히 숙달될 때까지는 당신의 머리를 과신하지 말자. 사람 사이의 능력은 거기서 거기다. 학교에서 시험 볼 때도 실수를 줄여야 자신이 최대치를 맛볼 수 있는 것처럼 말이다.

또한 업무 이메일을 보낼 때 사소한 실수를 하지 않도록 포스트잇으로 붙여놓자. 예를 들면, 받는 사람의 이름과 직책 오타 확인, 첨부파일 누락 여부, 이메일을 전달할 때 아무런 코멘트나 인사 없이 보내지 말기 등이다. 이런 사소한 실수를 반복하면 그 사람의 실력을 떠나 인성, 기본적인 지능을 의심하게 되니까. 그리고 한국어든 외국어든 보내는 이메일에 혹시나 맞춤법, 철자 등이 틀리지 않았는지 한 번 보고 보내기 버튼을 클릭하자. 사소한 것들이 모여 신뢰를 만들게 되니, 이것도 또한 사람들의 신뢰를 얻고 결국 나의 멘탈이 평안해지는 방법의 하나다.

이번 장에서 다룬 '확실하게 감사를 표시하자'라는 주제에서 연결되는 내용인데, '인정받고 싶어 하는 욕구'를 내가 다른 사람에 대한 도움을 끌어내기 위한 수단으로만 봤으면 좋겠다. 남들이 나를 반드시 인정해주고 살갑게 대해주는 장면을 너무 기대하지 말자는 의미다. 정작 나 자신은 인정의 욕구를 어느 정도는 내려놓는 것이 좋다. '내가 이 정도 해냈으니 이번엔 칭찬 좀 받겠지?'라고 생각하기보다는, '내가 이 정도 해냈으니 이번엔 욕먹지 않겠지?'라고 생각하는 것이 좋다고 본다. 물론 해당 업무 자체에 대한 완성도에 집중하는 건 기본이다. 내가 대리 정도의 직급일 때 생각한 것이 있다. 항상 그런 건 아니지만, '저 팀장은 본래 칭찬을 즐기기보단 비난을 더 자주 하는 사람이다'라고 생각하는 것이 나에게 마음의 평화를 가져다줬다. 이러다 보면 어느샌가 욕을 먹지 않고 끝나면 속으로 너무 기쁘더라. 이른바 투수의 방어율이 낮아지는 느낌과 비슷했다.

그리고 거친 성격의 상사와 한 팀을 이루고 있는 사람들도 많을 것이다. 어쩌면 내 마음속의 퇴사 의지를 북돋아 주는 가장 큰 이유일 수도 있겠다. 요즘은 그런 사람들이 거의 없을 것이라 믿지만, 무척 높은 데시벨의 높은 언성을 지닌 사람도 있다. 당신의 실수나 누락 등으로 또 한바탕 시작될 때는 그 사람의 언행, 언성의 높낮이 등에는 신경을 꺼야 한다. 그리고 그 사람이 내뱉는 텍스트에만 집중해야 한다. 그냥 내 귀에서 필터링을 잘하고 있다고 믿으면서 그 사람이 당신에게 전하는 메시지에만 신경을 쓰자. "죄송합니다. 다시 보완하겠습니다"라고 말은 해야 하지만, 어떻게 보완할지에 대해 집중해서 들어두어야 하는 건 당연하다. 그래야 다음번에는 실수 없이, 누락 없이 해낼 수 있다. 분위기도 좋지 못한데 한 번 한 말을 또 해달라고 할 수는 없지 않을까?

나의 경험으로 보자면, 사람들이 나에게 하는 말 속에 들어있는 텍스트에 집중하는 좋은 방법이 있다. 마치 영화를 볼 때, 소리를 끄고 자막만 켜서 보는 것과 같다. 현장감이나 배경음악, 효과음 등을 들을 수 없지만, 배우들끼리 주고받는 대사는 더 잘 보인다. 어쩌면 감독이 내심 전달하고자 하는 본인의 메시지는 글로 볼 때 더 명확할 수도 있겠다는 생각이 들었다. 누군가에게 살짝 욕을 먹는 순간이 오면, 그 사람이 던지는 텍스트에 집중해보자. 그랬더니 그렇게 기분이 나빠지지 않더라는 것이다. 그리고 이 대화가 끝나면 나는 뭘 해야 하는지 명확하게 이해할 수 있었다. 이에 덤으로 멘탈을 유지하는 데 꽤 도움이 됐다.

이번에는 동료 사이의 관계에서 살펴보고자 한다. '동료의 성격을 바꿀 수는 없다'라는 주제에서 상대방의 성향에 따라 대응하는 몇 가지 다른 방식을 전한 바 있다. 여기서 잊지 말아야 할 것이 있는데, 상대방에게 너무 큰 기대를 걸지 말라는 것이다. 상대방의 부모님도 그 사람을 바꿀 수 없는데 하물며 일로 만난 사이끼리 무슨 뾰족한 수가 있을까? 그냥 그 사람은 그렇게 살다 갈 사람이라는 생각으로 대하자. 비록 불합리한 대우나 무례하기 그지없는 태도에는 분명히 항의해야 한다. 하지만 대부분은 상대가 내가 정한 심리선을 넘지 않는다면, 오로지 그 사람과 관련된 업무, 즉 개별적인 현안, 사안을 기준으로 그 사람이 어떻게 나올지 예상하고 대응하자.

또한 일 자체에 집중하는 것도 중요하다. 그냥 누군가 시켜서 하는 일이라 생각하기보다는 사소한 사안일지언정 그 완성도를 높이는 데 집중해야 한다. 또한 능숙하지 못한 것이 있다면 해당 스킬을 키워나가는 것에 보람을 느끼면 좋겠다. 예를 들자면 파워포인트 문서 작성이 자신 없다면 국내외 관련 주제에 대한 템플릿(양식)을 여러 개 따라 하면서 본인만의 스타일을 확립하는 것이다. 사소한 스킬들을 무시하지 말고 신입, 주니어 시절에 확실히 잡아놓자. 10년이나 회사에 다녔으면서 여전히 이런 것들에 서툴다면 그리 좋게 보이지 않을 것이다.

이렇게 일에 '몰입'하는 것 자체가 업무 스트레스를 줄이고 멘탈을 부드럽게 해준다. 나처럼 점심시간에 밥 먹으러 가서 핵폭탄 같은 졸음을 이기려 애쓰지 말자. 이때에는 아마도 내가 회사에서 하는 몰입할 만한 일이 별로 없었기 때문이었을 것이지만.

멘탈을 잡으면 취업해도 행복할 수 있다. 뭔가 대단한 재벌이 되기 위해, 그 회사의 사장이 되려는 야망을 품고 입사하지는 않았을 것이다. 매일 맞닥뜨리는 업무 속에서 최대한 실수를 줄이고, 아직 책임과 권한은 크지 않지만 내가 할 수 있는 범위 내에서 작은 결정들을 내리면서 무사히 하루를 보내는 것에 집중하는 것이 좋겠다. 그리고 선을 넘나드는 상대방의 질책과 비난을 들을 때에는 내 귀로 들어오는 소리라고 생각하지 말고, 간단명료한 글을 읽는다는 심정으로 대하자. 큰 기대를 걸지 않으면 실망도 적고 좌절도 줄어들 것이다. 결국 당신이 이 세상을 살아가는 이유이자 목표는 어제보다 더 행복한 오늘을 만들기 위함이다. 취업에 성공하고 이 회사에 다니게 된 이유는 여러 가지겠지만, 당신의 모든 결정은 당신의 행복을 최우선에 두고 했으면 한다. 그리고 당신의 행복한 직장생활을 멀리서 응원하고 싶다. 그래야 직장인인 나도 행복해질 것 같으니까.

# 취업하면 행복할 줄 알았는데

**제1판 1쇄** 2024년 1월 19일

지은이    김보익
펴낸이    한성주
펴낸곳    ㈜두드림미디어
책임편집  이향선
디자인    얼앤똘비악(earl_tolbiac@naver.com)

**㈜두드림미디어**
등록    2015년 3월 25일(제2022-000009호)
주소    서울시 강서구 공항대로 219, 620호, 621호
전화    02)333-3577
팩스    02)6455-3477
이메일  dodreamedia@naver.com(원고 투고 및 출판 관련 문의)
카페    https://cafe.naver.com/dodreamedia

**ISBN**   979-11-93210-41-3 (03190)